JN419496

쿤달리니,
잠든 신성을 깨우다!

쿤달리니, 잠든 신성을 깨우다!

초감각적 지각을 여는 쿤달리니 각성법

원제: The Chakras

초판 1쇄 발행 2025년 8월 15일

지은이 C.W. 리드비터
편집·번역 남우현
펴낸이 남우현
펴낸곳 지식나무
출판등록 제2024-000043호

교정 주경민
디자인 김희영
편집 김희영
검수 한장희, 윤혜성
마케팅 김윤길

주소 인천시 부평구 마장로 10 4층(십정동, 함흥관)
전화 0507-1459-4145
팩스 0504-220-4142
이메일 treeok31@naver.com
블로그 blog.naver.com/treeok31

ISBN 979-11-990745-5-2(03200)
값 19,000원

• 이 책의 판권은 지은이에게 있습니다.
• 이 책 내용의 전부 또는 일부를 재사용하려면 반드시 지은이의 서면 동의를 받아야 합니다.
• 잘못된 책은 구입하신 곳에서 바꾸어 드립니다.

THE CHAKRAS

초감각적 지각을 여는 쿤달리니 각성법

쿤달리니,
잠든 신성을 깨우다!

저자 C. W. 리드비터

편집·번역 남우현

지식나무

준비 지식

C. W. 리드비터: 보이지 않는 세계의 탐구자

19세기 말과 20세기 초, 인류는 물질적 발전과 함께 영적인 진리를 향한 갈망이 커져 갔습니다. 이 시기에 등장한 C. W. 리드비터(Charles Webster Leadbeater, 1854~1934)는 신지학자이자 투시력자로서, 보이지 않는 세계의 비밀을 밝혀내기 위해 평생을 헌신한 인물입니다.

리드비터는 원래 영국 성공회 사제였으나, 점차 영적인 탐구의 길로 들어서게 됩니다. 다니엘 던글라스 홈의 영매술 관련 글을 읽으면서 영적 호기심이 시작되었고, 이후 A. P. 시넷의 『The Occult World(오컬트 월드)』를 통해 신지학에 깊이 매료됩니다.

1884년은 그의 삶에서 중요한 전환점이 된 해입니다. 런던에서 헬레나 페트로브나 블라바츠키를 만나 그녀의 제자가 되었고, 그녀의 권유로 채식주의자가 됩니다. 그는 신지학 협회의 숨겨진 지도자 중 하나인 마스터 쿠투미에게 제자로 받아들여지기를 요청했고, 긍정적인 답변을 받은 후 인도 아디야르로 떠났습니다.

리드비터의 영적 여정에서 큰 전기를 마련한 것은 마스터 쿠투미[1]였습니다. 스승의 지도에 따라 그는 쿤달리니라는 신비로운 내적 에너지를 각성시키는 특별한 명상법을 수행하였고, 42일간의 집중 명상을 통해 심령적 시야가 열리면서 육체적 의식과 심령 의식을 동시에 유지할 수 있게 되었습니다. 이후, 마스터 주알 쿨과 신지학자 수바 로우의 도움으로 더욱 깊은 내면 훈련을 받으며, 리드비터는 분자와 원자 수준의 물질은 물론 인류의 전생적 역사까지 투시할 수 있는 능력을 갖추게 됩니다. 이러한 과정을 통해 그는 20세기 초 가장 영향력 있는 신지학자 중 한 사람으로 자리매김하게 됩니다. 그의 자서전 『신지학이 나에게 온 길(How Theosophy Came to Me)』에는 이 시기의 내면적 체험이 상세히 기록되어 있습니다.

리드비터의 신지학 연구는 투시력을 통해 심령계, 정신계 등 비가시적 차원을 탐구하는 것이 중심이었으며, 이를 통해 인간의 오라, 차크라, 전생 등 다양한 영적 실체를 명확하게 설명하고자 하였습니다. 그는 이 작업을 통해 인간 존재의 본질과 우주적 구조를 밝히는 데 헌신했습니다.

---

1) **쿠투미**(Kuthumi): 상승 마스터(Ascended Master)* 중 한 명으로, 인류의 영적 진화를 돕는 고도로 진화된 존재다. 그는 마하트마 모리아(Morya)와 함께 신지학 협회의 초기 설립자인 H. P. 블라바츠키에게 가르침을 전달한 것으로 알려져 있으며, 이 가르침은 신지학의 핵심 교리를 형성하는 데 중요한 역할을 했다.

　* **상승 마스터**(Ascended Master): 신지학, 뉴에이지 등의 영성 체계에서 등장하는 개념으로, 영적 진화의 최고 단계에 도달하고 물질계의 윤회에서 벗어난 존재들을 가리킨다. 그들은 인류의 영적 성장을 돕기 위해 물질계에 영향력을 행사하며, 지혜와 자비를 통해 인류를 인도하는 스승으로 여겨진다. 예수, 붓다, 세인트 저메인, 쿠투미, 모리아 등이 상승 마스터의 예로 언급된다.

그는 약 60권에 달하는 저서를 남겼으며, 대표작으로는 『영혼의 지도, 당신의 보이지 않는 진실(Man Visible and Invisible)』, 『마음 사용 설명서(Thought-forms)』, 『내면의 삶(The Inner Life)』 등이 있습니다. 이들 저작은 복잡한 영적 개념을 명료하게 설명함으로써 많은 이들에게 깊은 영감을 주었고, 현대 신지학의 기반을 마련하는 데 중요한 역할을 하였습니다.

신지학: 우주의 진리를 탐구하는 여정

신지학(Theosophy)은 그리스어 'Theos(신)'와 'Sophia(지혜)'의 합성어로 '신성한 지혜'를 의미하는 철학적, 종교적 사상 체계입니다. 19세기후반 H. P. 블라바츠키[2]와 헨리 스틸 올컷, 윌리엄 퀸 저지가 1875년뉴욕에서 신지학 협회를 설립하면서 본격적으로 체계화됩니다.

신지학은 우주와 인간의 본질적 진리를 탐구하는 것을 목적으로 하며, 인간의 일반적 인식 능력을 초월한 고차원적 관찰을 통해 다양한종교와 철학에서 공통된 진리를 탐색합니다. 특히 힌두교와 불교 같

---

2) **헬레나 페트로브나 블라바츠키**(Helena P. Blavatsky, 1831~1891): 19세기 최대의 오컬티스트이자, 현대 신지학(신지학회)의 창시자. 탁월한 투시력과 심령적 매개 능력을 지닌 그녀는, 인류 의식의 진화를 위해 동방과 서방의 신비 전통을 하나로 통합하였다.
『비밀의 교리(The Secret Doctrine)』 등 대표 저작을 통해 심오한 오컬트 지식을 체계적으로 전수하였으며, 그녀의 저술은 "마하아트마(Mahatma)"라 불리는 고대의 스승들과의 직접적 영적 교신을 통해받아 내려온 것으로 전해진다. 블라바츠키는 이론가가 아니라, 실제로 다차원적 실재에 접속하고그것을 조율할 수 있었던 영적 도구(媒介)로 간주된다.

은 동양의 종교적 지혜와 고대 이집트, 그리스, 로마의 신비주의 전통을 연구하고, 이를 현대적 맥락에서 재해석하려 노력했습니다. 이 사상은 우주와 인간의 본질을 이해하는 데 있어 매혹적인 관점을 제시하는데, 물질세계 너머의 보이지 않는 차원들과 그것들이 어떻게 상호작용 하는지에 대해 깊이 있는 통찰을 제공합니다. 특히 블라바츠키의 저서 『이집트 신의 숨겨진 진실(Isis Unveiled)』과 『비밀의 교리(The Secret Doctrine)』는 이러한 비전 지식을 체계적으로 정리하여 현대 세계에 큰 영향을 미쳤습니다.

첫째, 일원론

비전 지식들과 초월적 인식의 관찰을 바탕으로 한 신지학의 첫 번째 핵심 원리는 일원론으로 우주가 근원적으로 하나의 본질로 연결되어 있다는 사상입니다. 이는 모든 존재와 현상이 하나의 신성한 근원에서 비롯되었음을 의미합니다. 마치 다양한 색상의 빛이 프리즘을 통과하여 하나의 순수한 빛으로 합쳐지듯이, 우리 모두는 하나의 우주적 에너지에서 파생된 존재들입니다. 이 관점은 인간뿐만 아니라 동물, 식물, 광물 등 모든 생명체와 무생물까지도 보이지 않는 끈으로 이어져 있음을 깨닫게 해 줍니다. 이러한 우주적 일체성에 대한 인식은 우리가 서로를 이해하고 존중하며 조화롭게 공존하는 데 중요한 밑바탕이 됩니다. 또한 이는 종교, 인종, 문화의 경계를 넘어선 보편적 형제애를 실현하는 데 기여합니다.

둘째, 카르마와 윤회

신지학은 영혼이 여러 생을 거듭하며 진화한다는 윤회의 개념을 지지하며, 이 과정에서 카르마의 법칙이 작용한다고 믿습니다. 카르마는 우리의 행동이 미래의 결과를 결정한다는 인과의 법칙으로, 선한 행동은 긍정적인 결과를, 부정적인 행동은 어려움을 가져옵니다. 이는 단순한 도덕적 교훈을 넘어, 영혼의 성장과 학습을 위한 체계적인 과정으로 이해됩니다. 매 생에서 우리는 이전 생에서 배운 것들을 토대로 새로운 경험과 도전을 마주하며, 이를 통해 지혜와 깨달음을 쌓아갑니다. 이러한 영혼의 진화 여정은 우리가 현재의 삶에서 겪는 모든 일이 의미 있고 목적이 있음을 깨닫게 해 주며, 자기 자신과 타인에 대한 이해와 연민을 심화시킵니다.

셋째, 내면의 신성 발견

신지학은 모든 인간이 잠재적으로 신성한 본질을 가지고 있으며, 이를 인식하고 계발하는 것이 인간의 궁극적인 목표라고 봅니다. 이를 위해 명상과 자기 탐구 같은 실천적 방법들이 권장되며, 이를 통해 우리는 자신의 내면을 탐구하고 더 높은 의식 상태에 도달할 수 있는 길을 찾습니다. 물질적 세계를 초월하는 이 여정은 개인의 영적 해방을 위한 기본 길잡이가 됩니다. 내면의 신성을 발견하는 과정은 자기 자신을 진정으로 이해하고 수용하는 여정이며, 이를 통해 우리는 삶의 목적과 방향성을 명확히 할 수 있습니다. 또한 개인의 영적 성장은 사회와 인류 전체의 의식 수준을 향상시키는 데 기여하며, 더 나은 세상을 만드는 데 중요한 역할을 합니다.

신지학은 단순한 철학이나 종교가 아닌, 우주와 인간, 그리고 존재의 의미에 대한 깊은 탐구입니다. 숨겨진 지혜를 찾아 떠나는 이 여정은 우리에게 삶의 본질과 목적에 대한 성찰을 제공합니다. 만약 여러분이 우주의 신비와 인간의 내면에 숨겨진 가능성에 대해 궁금하다면, 신지학의 세계관은 새로운 인사이트를 선사할 것입니다. 이 여정을 통해 자신과 세계에 대한 이해를 넓히고, 더 풍요로운 삶을 살아가기를 바랍니다.

신지학의 우주론과 우주의 계층 구조

신지학의 관점에 따르면, 우주는 모든 존재와 밀접하게 연결된 복합적인 네트워크로 이루어져 있습니다. 이는 단순한 물리적 연결을 넘어, 영적 그리고 에너지적 차원의 심오한 상호작용을 포함합니다. 이러한 연결은 원자에서부터 은하에 이르기까지, 모든 존재가 동일한 우주적 생명력에 의해 움직이며 존재한다고 설명합니다. 이러한 시각은 우리가 우주를 단순히 관찰하는 자가 아니라, 그 진화 과정에 적극적으로 참여하는 존재임을 일깨워 줍니다. 우리가 품는 생각과 행동은 우주의 흐름에 직접적인 영향을 미치며, 우주의 운명에도 깊숙이 결부되어 있습니다.

우주의 운행을 '거대한 호흡'으로 비유하는 신지학은, 우주가 만반타라(Manvantara)와 프랄라야(Pralaya)라는 두 가지 주기를 반복한다고 설명합니다. 만반타라는 우주가 활발히 작용하며 창조와 진화가 이루어지는 시기인 반면, 프랄라야는 우주가 휴식 상태로 돌아가는 시간입니다. 이는 낮과 밤처럼 끊임없이 돌아가며, 이러한 주기는 우주의 영원한 진화를 지속시킵니다.

시간에 대한 우리의 전통적인 이해는 과거에서 현재를 거쳐 미래로 흐르는 선형적인 것입니다. 그러나 신지학은 더 높은 차원에서 시간과 공간이 다른 방식으로 존재한다고 제안합니다. 이는 물질세계의 제약으로부터 벗어난 복잡한 구조로, 과거, 현재, 미래가 동시에 존재하는 개념을 내포합니다. 이러한 시간과 공간에 대한 관점은 현대 물리학의 시공간 상대성 이론과 흥미롭게도 맞닿아 있으며, 우리의 세계관을 확장시켜 새로운 인식을 제공합니다. 또한, 우주의 계층 구조라는 독특한 개념을 제시하는 신지학은 우주가 7개의 음으로 이루어진 음계와 같다고 설명합니다. 각기 다른 특징을 지닌 7개의 차원이 존재하며, 각 차원은 고유한 진동수와 에너지 패턴을 지니고 있습니다.

시간에 대한 우리의 전통적인 이해는 과거에서 현재를 거쳐 미래로 흐르는 선형적인 것입니다. 그러나 신지학은 더 높은 차원에서 시간과 공간이 다른 방식으로 존재한다고 제안합니다. 이는 물질세계의 제약으로부터 벗어난 복잡한 구조로, 과거, 현재, 미래가 동시에 존재하는 개념을 내포합니다. 이러한 시간과 공간에 대한 관점은 현대 물리학의 시공간 상대성 이론과 흥미롭게도 맞닿아 있으며, 우리의 세계관을 확장시켜 새로운 인식을 제공합니다.

또한, 우주의 계층 구조라는 독특한 개념을 제시하는 신지학은, 우주가 7개의 음으로 이루어진 음계와 같다고 설명합니다. 각기 다른 특징을 지닌 7개의 차원이 존재하며, 각 차원은 고유한 진동수와 에너지 패턴을 지니고 있습니다. 인간의 영혼은 이들 차원에 대응하는 여러 '몸체(vehicles)'를 통해 자신을 표현하며, 그에 따라 육체, 심령체, 정신체, 원인체 등이 작용하게 됩니다. 아래는 신지학에서 설명하는 우주의 주요 차원과, 그에 대응하는 의식의 표현 양식에 대한 개요입니다.

차원 (World)			내용	영혼의 몸체
상 대 계	물 질 계		물질계는 3차원의 세계로, 시간과 공간의 제약을 받는 우주입니다. 인간의 오감으로 인식 가능한 현실 세계로서, 영혼이 다양한 체험을 통해 배우고 성장하는 학습의 장이며, 영적 진화를 위한 중요한 무대입니다. 영혼은 현재 우리가 경험하고 있는 육체를 통해 이 물질계에서 자신을 표현하고, 경험을 축적해 나갑니다.	육체 (Dense Body)
	심 령 계		심령계는 4차원의 세계로, 공간적 제약을 초월하는 유동적인 차원입니다. 이 영역은 감정과 욕망이 활동하는 차원으로, 물질계보다 미세하고 변화무쌍한 에너지로 구성되어 있습니다. 영혼은 심령체를 통해 감정과 욕망을 담아 표현하며, 이 차원에서 자신을 드러냅니다. 잠자는 동안의 꿈, 또는 육체의 죽음 이후에 주로 접하게 되는 세계입니다.	심령체 (Astral Body)
	정 신 계	하 위 정 신 계	정신계는 5차원의 세계로, 시간과 공간의 한계를 초월한 차원입니다. 이 영역은 논리적 생각, 분석, 추론 등 구체적이고 일상적인 생각의 작용이 이루어지는 곳이며, 흔히 형상의 세계라고도 불립니다. 생각이 뚜렷한 형태를 이루며 작용하는 이 영역에서, 영혼은 정신체를 통해 하위 정신계를 경험하게 됩니다.	정신체 (Mental Body)
		상 위 정 신 계	상위 정신계는 원인계로도 불리며, 추상적 생각, 영적 이념, 원형(archetype)이 존재하는 고차원의 세계입니다. 이 영역은 신성한 로고스의 지성이 능동적으로 작용하는 차원으로, 영혼은 순수한 생각의 형태로 존재하며, 우주적 진리와 원리를 직관적으로 인식합니다. 원인체는 영혼의 영원한 본체로서, 모든 경험과 지혜를 저장하는 역할을 하며, 상위 정신계에 속합니다.	원인체 (Causal Body)

차원 (World)		내용
절 대 계	붓 디 계	붓디계는 직관, 지혜, 보편적 사랑이 충만한 차원입니다. 이 영역은 신성한 로고스(Logos)의 사랑과 지혜가 직접적으로 표현되는 수준으로, 개별성과 통일성이 완벽한 조화를 이룹니다. 이곳에서 영혼은 우주적 진리와 깊이 있는 합일을 이루며, 높은 수준의 영적 통찰과 전체성과의 통합을 경험하게 됩니다.
	아 트 믹 계	아트믹계는 순수한 영적 의지와 신성한 힘이 작용하는 차원입니다. 아트마(Ātma)는 산스크리트어로 '참된 자아' 혹은 '영적 본질'을 뜻하며, 이 계는 개인의 영적 의지와 우주적 의지가 하나로 결합되는 고차원의 실재 공간입니다.
	모 나 드 계	모나드계는 개별 의식의 궁극적 근원이 존재하는 차원입니다. 신지학에서 모나드(Monad)는 각 존재의 고유한 진동과 신성한 목적을 지닌 근원적 단위를 의미하며, 이는 '영혼'과는 구별되는 보다 본질적인 실체입니다. 영혼의 근원, 혹은 영적 생명의 씨앗으로 이해할 수 있습니다.
	아 디 계	아디계는 모든 존재의 최초 원천이며, 우주의 궁극적 실재가 자리한 차원입니다. 이 영역은 모든 현상의 기초가 되는 절대적 차원으로, 인간의 언어나 지성으로는 온전히 파악하기 어려운 신성한 본체의 수준을 나타냅니다.

이 책의 구성

『쿤달리니, 잠든 신성을 깨우다!』 **1부 차크라와 쿤달리니**는 신지학의 스승인 C. W. 리드비터의 저서 『The Chakras』를 현대적으로 번역·편집하여 차크라와 쿤달리니의 본질을 명확히 설명합니다. 리드비터는 투시력을 통해 관찰한 차크라의 모습, 즉 형태, 색상, 에너지 흐름과 기능을 해부학적 구조처럼 정밀하게 묘사합니다. 또한 '뱀의 불꽃'이라 불리는 쿤달리니의 본질과 척추의 세 통로와의 관계를 깊이 있게 다루며, 유럽 신비주의와 힌두 요가 전통을 비교 분석합니다. 이를 통해 독자들은 차크라를 인간 진화에 관여하는 실재적 에너지 시스템으로 이해하게 됩니다.

2부 쿤달리니 각성법은 쿤달리니를 안전하고 효과적으로 일깨우는 실용적인 방법론을 제시합니다. 이 부분은 리드비터의 가르침과 요가 전통을 토대로, 영적 스승 다스칼로스의 통찰과 신경과학자 조 디스펜자의 과학적 연구를 통합했습니다. 먼저 다스칼로스의 가르침으로 내면 정화의 중요성을 다루고, 조 디스펜자의 연구를 통해 호흡과 에너지 잠금이 송과선을 활성화하는 생리학적 원리를 설명합니다. 본격적인 수행법에서는 '차크라 활성화'와 '에너지 흐름 조절법' 등을 체계적으로 안내하며 , 쿤달리니 각성을 정밀한 의식 확장 기술로 안전하게 접근하도록 돕습니다.

결론적으로 독자들은 이 책을 통해 내면의 에너지 체계를 이해하고 활용할 수 있도록 돕는 한편, 쿤달리니의 안전하고 균형 잡힌 각성을 통해 더 높은 차원의 자아와 우주적 일체성을 탐구하는 데 필요한 길잡이가 되어 주고자 합니다. 이는 차크라와 쿤달리니를 단순한 신비적 개념이 아니라 인간 진화의 실천적 도구로서 이해하도록 이끄는 것을 목표로 합니다.

편집자 **남우현**

서문

한 사람이 자신의 감각을 발전시켜, 보통 사람들이 인식하지 못하는 것을 보기 시작하면, 그 사람의 눈앞에는 전혀 새로운 세계가 열립니다. 이 세계는 매우 매혹적이며, 그중에서도 가장 먼저 주의를 끄는 것 중 하나가 바로 차크라입니다.

이제 그 사람은 동료 인간들을 이전과는 전혀 다른 방식으로 바라보게 됩니다. 이전에는 감지하지 못했던 수많은 정보들을 인식하게 되고, 이로 인해 타인을 훨씬 더 잘 이해하고 공감하며, 필요하다면 보다 효과적으로 도울 수 있게 됩니다. 사람들의 생각과 감정이 색과 형태로 눈앞에 드러나고, 그 사람들의 발전 단계나 건강 상태도 단순한 추측이 아닌 명확한 사실로 인식됩니다.

차크라는 찬란한 색채와 끊임없이 빠르게 움직이는 특성을 지니고 있어 쉽게 관찰됩니다. 그리하여 투시력자라면 누구나 '이것들이 과연 무엇이며, 어떤 의미를 지니는가?'라는 궁금증을 갖게 됩니다. 이 책은 바로 그 질문에 대한 답을 제공하고자 집필되었습니다. 동시에, 아직 잠재된 능력을 펼치지 못한 이들에게도, 초감각적 지각을 가진 사람들이 보는 세계의 한 단면을 소개하고자 합니다.

시작에 앞서 오해를 미연에 방지하고자 명확히 밝혀 둡니다. 일부 사람이 더 많은 것을 '볼 수 있는' 능력은 상상이나 환상이 아닙니다. 이는 단지 우리가 이미 알고 있는 감각의 확장일 뿐입니다. 이런 능력을 갖는다는 것은, 우리의 육체 감각이 평소에는 반응하지 못하는 더 빠른 진동에 민감해지는 것을 의미합니다. 이러한 감각은 결국 진화의 과정 속에서 모든 사람들이 얻게 될 것입니다. 다만 일부 사람들은 그 감각을 남들보다 먼저 개발하고자 스스로 고된 수련의 길을 선택했을 뿐입니다. 이는 대부분의 사람들이 감히 감수하지 못할 만큼의 수년간의 노력을 필요로 합니다.

오늘날에도 여전히 이런 능력의 존재 자체를 부정하는 사람들이 있습니다. 마치 철도가 깔린 지 오래된 지금에도 기차를 본 적 없는 시골 마을 사람이 있는 것처럼 말입니다. 나는 그런 완강한 무지에 논박을 펼칠 여유도, 공간도 없습니다. 단지 관심 있는 이들에게는 나의 저서 『투시(Clairvoyance)』나, 이와 같은 주제를 다룬 수많은 저자들의 저서를 참조하라고 권할 수 있을 뿐입니다. 이 주제에 대한 증거는 수백 차례에 걸쳐 제시되어 왔으며, 증거의 가치를 판단할 줄 아는 이라면 더 이상 의심할 이유가 없을 것입니다.

차크라에 관해서는 이미 많은 저술이 존재하지만, 대부분은 산스크리트어나 인도 지역 방언으로 쓰여 있습니다. 영어로 된 체계적인 설명이 등장한 것은 비교적 최근의 일입니다. 나 역시 1910년경에 출간한 『내면의 삶(The Inner Life)』에서 차크라를 언급한 바 있습니다. 이후에는 존 우드로프 경의 뛰어난 저작 『쿤달리니: 뱀의 힘(The Serpent Power)』이 출간되었고, 몇몇 인도 저작들도 번역되었습니다.

인도 요기들이 사용하던 상징적 도해는 『The Serpent Power』에도 실려 있지만, 이 책에 수록한 삽화들은 내가 알기로는 **'실제로 볼 수 있는 이들이 본 모습'을 표현**하려 한 <u>최초의 시도</u>입니다. <u>나는 이 정교한 삽화들을 대중에게 소개하기 위해 이 책을 쓰기로 결심했습니다.</u> 이 그림들을 그리기 위해 헌신적인 노력을 기울여 준 나의 친구 에드워드 워너 목사에게 깊은 감사의 마음을 전합니다.

또한 제5장에서 소개한 인도 전통의 차크라관에 관한 방대한 자료들을 수집·정리해 준 나의 열정적인 협력자 어니스트 우드 교수에게도 깊이 감사드립니다.

당시 나는 다른 작업으로 매우 바빴기 때문에, 본래의 의도는 이전에 써 두었던 글들을 삽화의 설명 글로만 단순히 모아 엮는 것이었습니다. 그러나 자료를 다시 검토하던 중 여러 질문이 떠올랐고, 이에 대한 약간의 조사를 통해 새로운 사실을 발견하게 되었습니다. 나는 그 내용을 이 책에 충실히 반영하였습니다.

 그중 특히 흥미로운 점은 '에테르 생명 입자(vitality-globule)'와 '쿤달리니 고리(kundalini-ring)'가 이미 1895년에 애니 베전트 박사에 의해 관찰되어 **초근원 물질**[3]로 분류되었다는 사실입니다. 당시에는 이 둘의 상호 연관성과 인간 생명체계에서의 핵심적 역할까지는 밝혀내지 못했지만, 지금은 그 연결 고리가 보다 명확히 드러났습니다.

C. W. 리드비터

---

3) **초근원 물질**(hyper-meta-proto-element)**:** 신지학에서 초근원 물질은 물리적 차원의 여러 하위 수준 중 가장 미묘하고 높은 수준(원자 수준)에 존재하는 근원적인 물질의 형태를 지칭한다. 또한 일반적인 화학 원자나 분자와는 구분되는 개념이다. 이 책에서 언급되는 궁극의 물리적 원자 그 자체, 근원적 생명력이나 쿤달리니와 같은 힘이 이 수준에서 취하는 형태, 그리고 에테르 생명 입자와 같이 이 근원 물질의 조합으로 형성되는 미세 구조 등이 초근원 물질에 해당한다.(편집자 주)

THE CHAKRAS

목차

1부 | 차크라와 쿤달리니 ——————————

제1장 | 에너지 중심들 ————————————

제2장 | 신성한 세 가지 힘 ─────────

제3장 ㅣ 에테르 생명력의 흡수 ─────────

제4장 | 초감각 지각을 여는 차크라 ─────

제5장 | 요가 전통의 차크라와 쿤달리니 —————

2부 | 쿤달리니 각성법

제1장 | 쿤달리니 각성과 내면의 준비

제2장 다스칼로스의 쿤달리니 해설

제3장 쿤달리니 각성법

제4장 쿤달리니의 생리 에너지 메커니즘

1부
차크라와 쿤달리니

제1장

에너지 중심들

1. '차크라'라는 말의 의미

'차크라(Chakra)'는 산스크리트어로 '바퀴(wheel)'를 뜻하는 단어입니다. 영어 단어처럼 이 말도 파생적이거나 상징적인 의미로 다양하게 사용됩니다. 예를 들어, 우리가 '운명의 수레바퀴'라고 표현하듯, 불교에서도 '삶과 죽음의 수레바퀴'라는 개념이 존재합니다. 특히, 붓다께서 진리를 처음 설파하신 위대한 첫 설법은 '담마차까빠왓따나 수타(Dhammachakkappavattana Sutta)'로 불립니다. 여기서 '차까(chakka)'는 산스크리트어 chakra에 대응하는 팔리어 표현입니다. 리스 데이비즈(Rhys Davids) 교수는 이를 시적으로 "진리와 정의의 우주적 지배자가 우주 질서의 법칙을 굴려 세상에 드러내는 것"이라고 번역하였습니다. 불교 수행자들이 받아들이는 이 표현의 정서적 의미는 바로 이러한 뜻과 맞닿아 있습니다. 이를 직역하면 "법(다르마)의 수레바퀴를 돌린다."라는 의미입니다. 지금 우리가 다루는 **'차크라'라는 단어의 특별한 용법은 인간의 에테르체(etheric double) 표면에 존재하는, 바퀴 모양을 한 일련의 소용돌이(에너지 회오리)**를 가리키는 데에 사용됩니다.

2. 에테르체

이 책은 신지학(Theosophy)의 용어에 익숙하지 않은 독자에게도 읽힐 수 있으므로, 이 장에서는 몇 가지 기초 개념을 먼저 설명하고자 합니다. 일상적인 대화에서 우리는 종종 '영혼(soul)'이라는 말을 사용합니다. 하지만 많은 경우, 사람들은 이 '영혼'을 마치 육체의 부속물처럼 오해하고 있습니다. 마치 사람의 위에 떠다니며 어렴풋이 연결된 어떤 존재처럼 여기는 것이죠. 그러나 이는 정확하지 않은 관점이며, 오히려 사실은 정반대입니다. 인간은 '영혼' 그 자체이며, 여러 개의 몸을 소유하고 있는 존재입니다. 이 중에는 우리가 눈으로 볼 수 있는 육체도 있고, 심령계나 정신계에서 활동하기 위한 눈에 보이지 않는 미세한 몸체들도 존재합니다. 그러나 우리는 여기서 물질계와 관련된 에테르체에만 집중합니다.

에테르체에 대한 올바른 이해를 위해서는 먼저, 오늘날까지 밝혀진 물질 육체의 구조를 간략히 살펴볼 필요가 있습니다. 지난 세기 동안 인류는 인간 육체의 구조와 기능에 대해 비약적인 발전을 이루었습니다. 오늘날 의학을 공부하는 학생들은 신체 내부의 복잡한 구조에 대해 익숙하게 배우고 있으며, 그 정밀한 작동 방식에 대해서도 전반적인 이해를 갖추고 있습니다.

인체를 연구하는 학문은 일반적으로 눈에 보일 만큼 조밀한 물질에 국한되어 연구되어 왔습니다. 따라서 대부분의 사람들은, 여전히 물질적 차원에 속해 있으나 육안으로는 보이지 않는 형태의 물질, 즉 신지학에서 '에테르체'라고 부르는 실체의 존재를 인식하지 못하고 있습니다.[4]

이 에테르체는 신체에 있어 매우 중요한 역할을 합니다. 왜냐하면 에테르 생명력(vitality)을 구성하는 에너지 흐름들이 이 에테르체를 통해 전달되기 때문입니다. 이러한 흐름이 존재하지 않는다면, 물질 육체는 생명 활동을 유지할 수 없습니다. 그뿐만 아니라, 이 에테르체는 심령계(astral plane)로부터 물질계로 사상(思相)과 감정의 파동을 전달하는 교량 역할을 수행합니다. 이 다리 역할을 하는 에테르체가 없다면, 자아(Ego)[5]는 두뇌의 세포를 사용하여 의식을 드러낼 수 없습니다. 또한 에테르체는 투시력을 지닌 자에게는 뚜렷이 보입니다. 그 모습은 조밀한 육체 속을 관통하며 약간 외부로 돌출된, 희미하게 빛나는 자줏빛 회색의 안개 형태로 인식됩니다.

물질 육체는 끊임없는 변화 속에서 살아가는 존재입니다. 그 생명 활동을 지속하기 위해서는 세 가지 서로 다른 공급원으로부터 지속적인 자양분을 받아야 합니다. 첫째는 음식, 둘째는 공기, 셋째는 세 가지 형태의 에테르 생명력(vitality)입니다. 이 에테르 생명력은 본질적으로 하나의 에너지입니다. 그러나 물질의 형태를 띠고 있을 때는 마치 매우 정제된 화학 원소처럼 보입니다. 에테르 생명력은 모든 차원

---

4) 여기서 말하는 '에테르(aether)'는 일부 과학자들이 전자기파의 매질로 가정했던 '에테르(aether)'와는 다르다.
5) 여기서 말하는 '자아(individuality)'는 심리학에서 일반적으로 사용하는 개념과는 다르다.

(planes)에 존재하지만, 이 장에서는 물질계에서 에테르 생명력의 작용에 집중하여 살펴봅니다.

이 에테르 생명력(vitality)의 작용을 정확히 이해하기 위해서는, 먼저 우리 육체 중 에테르적 부분의 구조와 배열에 대해 일정한 이해가 필요합니다. 본인은 수년 전부터 이 주제를 여러 권의 저서에서 다룬 바 있으며, 최근에는 A. E. 파월(A. E. Powell) 중령이 그간 발표된 모든 자료를 정리하여 『에테르체(The Etheric Double)』[6]라는 제목의 책으로 간행하였습니다.

3. 차크라의 구조와 배치

차크라, 또는 에너지 중심(force-centre)은 인간의 여러 몸체들 간에 에너지가 흐르는 연결 지점입니다. 이러한 중심은, 약간의 투시력(clairvoyance)만 갖춘 사람이라면 쉽게 볼 수 있습니다. 그 위치는 에테르체(etheric double)의 표면이며, 거기서 차크라는 접시 모양의 오목한 소용돌이 형태로 나타납니다.

아직 발달하지 않은 상태의 차크라는, 직경 약 5센티미터가량의 작은 원형으로 보이며, 보통 사람의 경우 흐릿하게 빛나는 모습입니다. 그러나 일단 활성화되고 활력을 얻게 되면, 그 크기는 훨씬 커지며 타오르는 소용돌이처럼 빛납니다. 이상태의 차크라는 작은 태양과 같은

---

6) 신지학 출판사(The Theosophical Publishing House).

형태로 인식됩니다.

일부 설명에서는 이러한 차크라들이 특정 신체 기관과 대략적으로 대응한다고 표현되지만, 실제로 이들은 물질 육체보다 약간 바깥으로 돌출된 에테르체의 표면에 나타납니다.

이 차크라의 외형을 이해하기 위해, 나팔꽃류 꽃의 꽃잎을 위에서 내려다보는 형태를 상상해 볼 수 있습니다. 각 차크라는 이러한 나팔꽃 모양이며, 그 줄기(stalk)는 척추(spine)의 한 지점에서 뻗어 나옵니다. 다른 각도에서 보면, 척추는 마치 중심 기둥처럼 보이며, 이 줄기에서 간격을 두고 여러 꽃들이 피어나는 형상입니다(해당 도식은 부록 그림 8 참조).

현재 본서에서 다루고 있는 일곱 개의 중심(차크라)은 본문에 수록된 삽화(도해 1)에 표시되어 있으며, 그 영어 및 산스크리트어 명칭은 표 1에 정리되어 있습니다.

이러한 바퀴 모양의 차크라들은 항상 회전 상태에 있으며, 각 차크라의 중심부나 입구에는 상위 차원에서 유입되는 에너지가 흐릅니다.

이 에너지는 태양 로고스[7]의 제2원리(Second Aspect)에서 흘러나오는 생명 흐름의 표현이며, 이를 신지학에서는 기본 에너지(primary force)라고 부릅니다.

이 에너지는 일곱 가지 성질을 포함하고 있으며, 각각의 차크라에는 이 모든 성질이 작용하지만, 차크라마다 특정 성질 하나가 주로 두드러지게 나타납니다. 이 에너지의 유입 없이는 물질 육체는 존재할 수 없습니다. 따라서 차크라는 모든 사람에게 작동하고 있는 구조입니다. 다만, 발달하지 않은 사람에게는 이 차크라가 느리게 회전하며 에너지를 통과시키는 최소한의 역할만 수행합니다.

반면, 더 발전된 사람에게는 이 차크라들이 빛나는 생명력으로 고동치며, 훨씬 더 강한 에너지 흐름이 통과합니다. 그 결과, 이러한 사람에게는 더 넓은 능력과 가능성이 열리게 됩니다.

---

7) **로고스(Logos):** 로고스는 우주적 지성과 창조 원리를 가리키는 핵심 개념으로, 고대 철학과 그리스도교 신비주의 전통에서 유래한 용어이다. 그리스어 'λόγος(logos)'는 본래 '말씀', '이성', '원리'를 뜻하며, 신지학에서는 우주를 창조하고 유지하며, 모든 생명의 법칙을 내포하는 신적 중심 의식으로 확장된다. 신지학 체계에서 로고스는 삼중적 존재로 이해되며, 이 세 원리는 다음과 같다.
   ① **제1원리(First Aspect):** 창조적 의지(Will)로 창조를 시작하는 힘. 물질의 기초를 형성.
   ② **제2원리(Second Aspect):** 사랑-지혜로 생명과 의식을 불어넣는 흐름. 차크라로 유입되는 에너지(기본 에너지)의 원천.
   ③ **제3원리(Third Aspect):** 활동적 지성으로 형태와 조직을 구성하는 활동 원리. 인간의 이성과 생각에 대응.
   이 삼위일체적 로고스는 태양계 차원에서는 태양 로고스(Solar Logos)로 구체화되며, 그 아래에는 각 행성의 창조와 진화를 담당하는 행성 로고스(Planetary Logos)가 존재한다.(편집자 주)

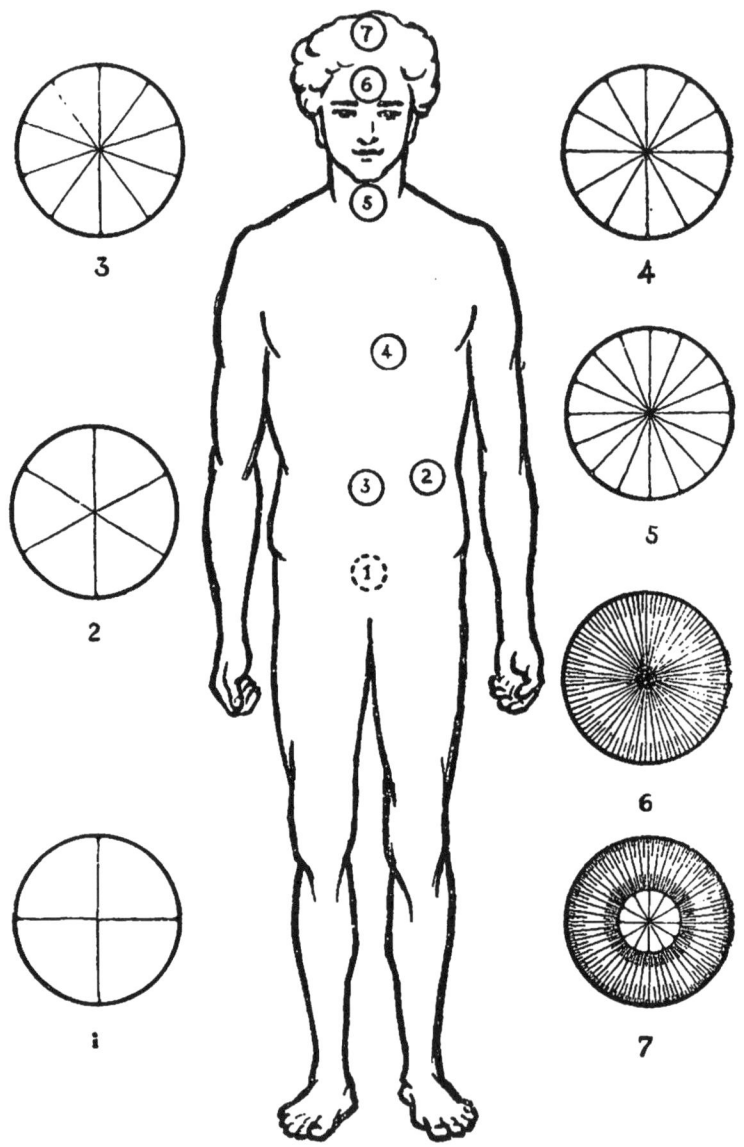

도해 1. 일곱 차크라의 구조와 배치

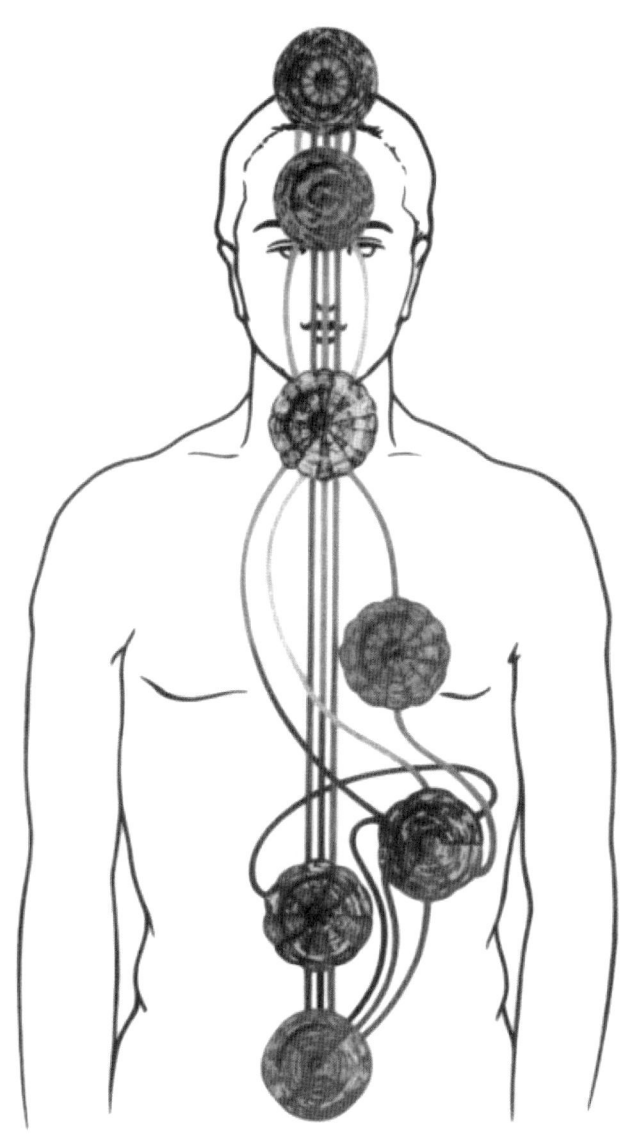

부록 그림 8. 에테르 생명력의 흐름과 차크라
(부록에서 컬러 그림을 확인할 수 있습니다.)

4. 차크라의 형태와 에너지 흐름

각 차크라에 외부로부터 유입되는 이 신성한 에너지(divine energy)는, 에테르체의 표면상에서 수직 방향으로(즉, 유입 방향에 직각으로) 2차적 에너지 흐름을 발생시킵니다. 이 에너지 흐름은 파동성의 원형 운동을 이룹니다. 이 원리는 막대자석(bar magnet)을 유도 코일에 삽입할 때 발생하는 유도 전류와 유사합니다. 자기장의 방향에 수직으로 전류가 코일을 따라 흐르듯, 2차 에너지도 마찬가지로 작용합니다.

한편 유입된 기본 에너지(primary force)는 소용돌이 중심으로 진입한 뒤, 거기서 다시 직선 방향으로 방사되어 나갑니다. 그 모습은 마치 바퀴의 중심에서 뻗어 나오는 바큇살(spokes)처럼 보입니다.

이 방사형의 선들을 통해, 에너지는 심령체(astral body)와 에테르체(etheric body)를 서로 단단히 결속시키는 갈고리와 같은 작용을 합니다. 차크라마다 이 바큇살의 수는 다르며, 이 수가 각 차크라에서 관찰되는 파형 혹은 꽃잎(petal)의 수를 결정합니다. 이러한 구조적 특성 때문에, 동양의 전통 문헌에서는 차크라를 흔히 꽃의 형상에 빗대어 시적으로 묘사해 온 것입니다.

표 1. 7가지 주요 차크라의 위치

차크라명	산스크리트명	위치 설명
뿌리 차크라 (Root or Basic Chakra)	Muladhara	척추의 기저부에 위치
비장 차크라 (Spleen or Splenic Chakra)	*8)	비장 부위에 위치
태양신경총 차크라 (Navel or Umbilical Chakra)	Manipura	배꼽 부위, 태양신경총 위쪽에 위치
심장 차크라 (Heart or Cardiac Chakra)	Anahata	심장 부위에 위치
목 차크라 (Throat or Laryngeal Chakra)	Vishuddha	목의 앞부분에 위치
제3의 눈 차크라 (Brow or Frontal Chakra)	Ajna	두 눈썹 사이 공간에 위치
크라운 차크라 (Crown or Coronal Chakra)	Sahasrara	머리 꼭대기에 위치

각 차크라는 접시처럼 오목하게 들어간 소용돌이 구조를 가지고 있습니다. 그 주위를 회전하는 2차 에너지는 마치 빛이 색마다 다른 파장을 가지는 것처럼, 각기 고유한 파동의 길이(파장)를 지니고 있습니다. 하지만 빛처럼 곧은 선을 따라 움직이지 않고, 이 에너지는 상대적으로 크고 부드러운 곡선 형태의 물결을 따라 흘러갑니다. 이 큰 곡선

---

8) 비장 차크라(spleen chakra)는 인도 전통 문헌에는 명시되어 있지 않다. 그 위치에는 일반적으로 스와디슈타나(Svadhishthana)라고 불리는 차크라가 대응되며, 이 중심은 생식기 부근에 위치하고 있고, 동일하게 6개의 꽃잎이 부여되어 있다. 그러나 신지학적 관점에서는 이 차크라의 각성은 불행한 일로 간주된다. 왜냐하면, 이 중심과 관련된 심각한 위험 요소들이 존재하기 때문이다. 고대 이집트의 수행 체계에서는 이 차크라의 각성이 일어나지 않도록 정교하고 체계적인 예방 조치가 마련되어 있었다(자세한 내용은 『프리메이슨 속 숨겨진 삶(The Hidden Life in Freemasonry)』 참고).

하나는 그 안에 더 짧고 세밀한 파동들이 여러 번 반복되어 겹쳐져 있으며, 그 반복되는 파동의 수는 해당 차크라에 있는 방사선(바큇살)의 수에 따라 달라집니다. 이 2차 에너지는, 중심에서 바깥으로 뻗은 기본 에너지의 선들 사이를 위아래로 교차하며 지나갑니다. 이 구조는 마치 수레바퀴의 바큇살을 중심으로 바구니를 엮듯 정교하게 구성된 모습과 같습니다.

파장의 길이는 극도로 짧고 미세하며, 하나의 곡선형 파동 안에 수천 개의 미세 진동이 포함되어 있을 것으로 추정됩니다. 이러한 다양한 진동이 소용돌이 내에서 엮이며 지나갈 때, 그 상호 교차와 얽힘은 꽃처럼 보이는 형태를 만들어 냅니다. 이 모습은 베네치아산 유리처럼 물결무늬가 있는 얇은 진줏빛 접시나 화병을 연상시키기도 합니다.

이렇게 생성된 모든 곡선형 파동 또는 꽃잎은 진주광택(pavonine effect)처럼 은은하고 오색 빛이 나는 광택을 띠며, 각각의 파동은 보통 지배적인 색조를 가집니다(자세한 내용은 본서의 부록 그림 참조). 산스크리트 문헌에서는 이와 같은 은빛 광택을 "물 위에 비치는 달빛"에 비유하고 있습니다.

5. 일곱 가지 주요 차크라

1) 뿌리 차크라

첫 번째 중심은 뿌리 차크라이며, 척추 기저부에 위치합니다(부록 그림 1 참조). 이 차크라는 기본 에너지(primary force)가 네 방향으로 방사되며, 그에 따라 그 파동(undulation)은 4개의 구역(quadrant)으로 나뉘는 형상을 띱니다. 이 네 구역은 붉은색과 주황색이 번갈아 나타나며, 각 구역 사이에는 오목한 경계가 형성되어 있습니다. 이러한 시각적 구성으로 인해, 이 차크라는 마치 십자가 모양의 표식을 지닌 것처럼 보입니다. 따라서 십자가(cross)는 이 차크라를 상징하는 도상으로 자주 사용되며, 때로는 불타는 십자가(flaming cross)가 이 중심에 깃들어 있는 뱀의 불꽃(serpent-fire)을 상징하기도 합니다. 이 차크라가 활발하게 작용할 때는, 불같은 주황빛이 도는 붉은색으로 빛나며, 이는 비장 차크라로부터 전달되는 에테르 생명력(vitality)의 색상과 밀접하게 일치합니다. 실제로 모든 차크라의 경우, 각각의 에테르 생명력의 색상과 뚜렷한 대응 관계가 관찰됩니다.

2) 비장 차크라

두 번째 중심은 비장 차크라이며, 비장(spleen) 부위에 위치합니다(부록 그림 2 참조). 이 차크라는 태양으로부터 유입되는 에테르 생명력(vitality)을 정제하고, 여러 가지 주파수로 나눈 뒤, 그것을 신체 전반에 확산시키는 역할을 합니다.

이 차크라에서 정제된 생명력은 6개의 수평 방향 흐름으로 방출되며, 일곱 번째 형태의 에너지는 차크라의 중심부(hub)로 흡수됩니다. 이러한 구조로 인해, 비장 차크라는 총 6개의 파동 또는 꽃잎 형태의 곡선을 지니며, 각 곡선은 서로 다른 색의 빛을 띱니다. 전체적으로 이 중심은 태양처럼 찬란하고 밝은 광휘를 발산합니다.

이 6개의 에너지 영역은 각각 특정한 에테르 생명력(vitality)의 형태를 반영하며, 그 색상은 빨간빛, 주황빛, 노란빛, 초록빛, 파란빛, 보랏빛으로 구분됩니다. 이는 각각의 파동이 고유한 에테르 생명 입자(vitality globules)의 성질과 관련되어 있음을 보여 줍니다. 이러한 분화된 생명 에너지는 이후 각 차크라와 신경 경로를 통해 신체 곳곳으로 전달되며, 다섯 가지 주요 흐름으로 알려진 프라나 바유(prana vayu) 체계 안에서 기능하게 됩니다.

3) 태양신경총 차크라

세 번째 중심은 태양신경총 차크라로, 배꼽 또는 태양신경총(solar plexus) 부위에 위치합니다(부록 그림 3 참조). 이 차크라는 10갈래의 기본 에너지(primary force)를 받아들이며, 이에 따라 차크라의 파동은 10개의 꽃잎 또는 곡선형 물결(undulation)로 나뉘어 진동합니다. 이 태양신경총 차크라는 다양한 종류의 감정과 느낌들과 매우 밀접하게 연관되어 있으며, 그 주요 색조는 여러 계열의 붉은색이 혼합된 독특한 색상입니다. 이와 함께 녹색의 요소도 강하게 포함되어 있습니다. 차크라

의 분할 구역은 붉은색 계열과 녹색 계열이 번갈아 나타나는 구조를
가집니다.

4) 심장 차크라

네 번째 중심은 심장 차크라이며, 가슴 중앙의 심장 부위에 위치
합니다(부록 그림 4 참조). 이 차크라는 밝고 빛나는 금색(golden colour)을
띠며, 기본 에너지의 12방향 방사선에 따라 12개의 곡선 파동 또
는 꽃잎으로 나뉘어 진동합니다. 시각적으로, 이 차크라의 각 4분면
(quadrant)이 다시 3개의 세부 구역으로 분할되어 전체적으로 12구역
이 형성됩니다.

5) 목 차크라

다섯 번째 중심은 목 차크라이며, 목 앞부분에 위치합니다(부록 그림 5
참조). 이 차크라는 16개의 바큇살(spokes) 형태로 기본 에너지를 방사
하며, 이에 따라 외관상 16개의 구획(division)으로 구성됩니다.

목 차크라에는 푸른색(blue) 계열이 많이 포함되어 있습니다. 그리고
전체적인 시각 효과는 은백색(silvery)이며, 마치 잔잔한 물결 위에 비치
는 달빛 같은 인상을 줍니다. 이 차크라의 각 구획은 푸른색과 녹색이
번갈아 지배적으로 나타나는 구성을 갖습니다.

6) 제3의 눈 차크라

여섯 번째 중심은 제3의 눈 차크라이며, 양 눈썹 사이의 전두부에 위치합니다(부록 그림 6 참조). 이 차크라는 겉으로 보기에 두 개의 반쪽으로 나뉜 구조를 하고 있습니다. 한쪽은 장밋빛 색조(rose-coloured)가 중심을 이루며, 여기에 상당량의 노란빛이 섞여 있습니다. 다른 한쪽은 주로 푸르스름한 자주색(purplish-blue)을 띠고 있으며, 이들 색상은 이 차크라를 활성화시키는 특수한 형태의 에테르 생명력(vitality)의 색상과 잘 일치합니다.

이 차크라는 인도 전통 문헌에서 꽃잎 두 장을 가진 중심(two-petaled lotus)으로 언급되기도 합니다. 이러한 묘사는 앞서 말한 두 반구 형태에 기반한 것일 가능성이 있습니다. 그러나 앞서 다룬 다른 차크라들과 같은 방식으로 곡선 파동(undulation)을 기준 삼아 세어 본다면, 각 반쪽은 다시 48개로 세분화되어 있으며, 따라서 이 차크라는 총 96개의 바큇살(radiations)을 갖습니다. 이러한 바큇살의 수는 그 차크라의 기본 에너지(primary force)의 방사 방식에 따라 결정됩니다.

이전 차크라에서의 바큇살 수는 16개였던 반면, 이 차크라에서 갑자기 96개로 도약하며, 다음에 이어질 크라운 차크라(Crown Chakra)에서는 972개로 급증합니다. 이러한 급격한 변화는, 지금 다루고 있는 차크라들이 이전에 살펴본 중심들과는 완전히 다른 차원에 속함을 시사합니다.

현재로서는 차크라의 바큇살 수를 결정하는 모든 요소들이 완전히 밝혀진 것은 아니지만, 이 바큇살들은 기본 에너지의 다양한 '세부 변형(shades of variation)'을 상징한다는 점은 분명합니다. 보다 정확한 이해를 위해서는 수백 번의 관찰과 비교가 필요하며, 그 결과를 반복하고 검증하는 과정을 거쳐야 합니다. 그러나 현시점에서도 명확한 사실이 하나 있습니다. 즉, 개체적 자아(personality)에게는 제한된 수의 에너지 형태만으로도 충분할 수 있으나, 보다 높은 차원에 속한 인간의 영속적 원리들을 다루게 되면, 그 복잡성과 다양성으로 인해 훨씬 더 세분화된 에너지 변형들이 필요하다는 점입니다.

7) 크라운 차크라

(1) 크라운 차크라의 구조

일곱 번째 중심은 크라운 차크라(Coronal Centre)로, 머리의 정수리 부위에 위치합니다(부록 그림 7 참조). 이 차크라가 완전히 활성화되었을 때, 가장 찬란하고 장엄한 모습을 드러냅니다. 그 진동은 상상할 수 없을 정도로 빠르며, 빛깔은 말로 형언하기 어려운 색채 효과로 가득 차 있습니다. 전체적으로는 보라색이 우세하지만, 내부에는 모든 종류의 프리즘 색조가 어우러져 존재하는 듯한 인상을 줍니다.

이 차크라는 인도 전통 문헌에서 "천 개의 꽃잎을 지닌 연꽃"으로 묘사되며, 실제로도 그 표현은 과장이 아닙니다. 이유는, 바깥 원을 따라 기본 에너지(primary force)가 960개의 방사선(radiation)으로 퍼져 나가기 때문입니다. 이 방사선 하나하나는 본서 부록의 그림 7에 충실히 묘사되어 있으나, 각각의 꽃잎의 세부적 느낌까지 시각적으로 완벽히 전달하기는 어렵습니다. 또한, 이 차크라는 다른 어떤 차크라에도 없는 독특한 특징을 하나 가지고 있습니다. 바로 중앙부 깊숙한 곳에 존재하는 부차적인 소용돌이입니다. 이 내부 중심은 금빛이 감도는 빛나는 흰색으로 표현되며, 자체적으로 12개의 곡선형 파동을 가집니다.

(2) 영광의 왕관

크라운 차크라는 일반적으로 가장 마지막에 각성되는 중심입니다. 처음에는 다른 차크라들과 마찬가지로 크기가 비슷하지만, 수행자가 영적 성장의 길을 따라 발전함에 따라 그 크기는 점차 커지며, 결국에는 머리 전체를 덮을 정도로 확장됩니다. 이 차크라의 발달에는 또 하나의 특징이 있습니다. 처음에는 다른 차크라들처럼 에테르체(etheric body)상의 오목한 구조(depression)로 존재합니다. 왜냐하면, 외부로부터 유입되는 신성한 에너지(divine force)가 이 통로를 통해 들어오기 때문입니다.

그러나 수행자가 자신을 "신성한 빛의 왕(King of the Divine Light)", 즉 주변 존재들에게 영적 축복을 베푸는 자로 자각하게 될 때, 이 차크라는 거꾸로 뒤집히는 현상을 겪습니다. 즉, 그것은 더 이상 받는 통로가 아닌 방사하는 통로가 되며, 오목한 구조가 아닌 볼록 솟아오른 구조로 변합니다. 이후에는 머리 위에 돋아나 진정한 '영광의 왕관(crown of glory)'과 같은 형상을 취하게 됩니다.

도해 2. 불상에 표현된 크라운 차크라

　동양의 회화나 조각상에서 신성한 존재 혹은 위대한 인물의 조형물에는, 이 크라운 차크라의 돌출 구조(prominence)가 자주 표현되어 있습니다. 예를 들어, 도해 2에는 인도네시아 자바섬의 보로부두르(Borobudur) 사원에 있는 붓다상의 머리 위에 이 구조가 나타나 있습니다. 이는 이 차크라를 표현하는 전형적인 시각적 표현 양식이며, 이와 같은 형태는 동양 전역에 걸친 수천 개의 붓다상에서도 확인할 수 있습니다.

　많은 경우에서, 정수리(Sahasrara) 차크라의 이중 구조가 묘사됩니다. 즉, 먼저 960개의 꽃잎으로 이루어진 큰 돔, 그 위에 12개의 꽃잎을 지닌 작은 돔이 차례로 솟아오르는 형식입니다.

도해의 오른쪽에 보이는 머리는 일본 나라(Nara)의 동대사(東大寺) 법화당에 있는 브라흐마(Brahma)상으로, 기원후 749년에 제작된 것입니다. 이 조각상 또한 크라운 차크라를 상징하는 머리 장식을 착용하고 있으며, 비록 앞서 언급한 형식과는 다르지만, 불꽃이 치솟는 관 형태(coronet of flames)로 이 차크라를 표현하고 있습니다.

이 크라운 차크라의 상징은 그리스도교의 상징체계에서도 등장합니다. 예를 들어, 성경에서 하나님 보좌 앞에 끊임없이 왕관을 내려놓는 24명의 장로들이 착용하고 있는 황금 왕관(crown)이 그 예입니다. 영적으로 고도로 발전한 인간에게 있어, 이 크라운 차크라는 찬란한 광채(splendour)와 영광(glory)을 방사하며, 그 자체가 실질적인 왕관(crown)의 역할을 하게 됩니다.

이 성경 구절의 의미는 다음과 같습니다.
즉, 장로들이 이룬 모든 영적 성취, 그들이 쌓아 온 찬란한 카르마와 생성한 위대한 영적 힘은 모두 로고스(Logos)의 사역을 위해 끊임없이 그 발 앞에 바쳐지고 있는 것입니다. 그러므로 그들은 황금 왕관을 반복해서 내려놓을 수 있는 것이며, 그 이유는 그 힘이 그들의 내면에서 계속해서 솟아오르기 때문입니다. 그들의 왕관은 다시 형성되며, 다시 내려지고, 이는 영원한 영적 봉헌의 상징이 됩니다.

6. 유럽의 차크라 전승

이 일곱 개의 에너지 중심(force-centres)에 대해서는, 산스크리트 문헌에서도 자주 언급됩니다. 특히 일부 소우파니샤드(minor Upanishads), 푸라나(Purāṇa), 탄트라 경전(Tantric works) 등에서 그 상세한 기술을 찾아볼 수 있습니다. 그리고 이 차크라들은 오늘날에도 많은 인도 요기들(Yogis)에 의해 실제 수행에 활용되고 있습니다. 인도의 내면적 수행 문화에 정통한 한 지인은, 차크라를 중심으로 한 수행 체계를 자유롭게 운용하는 한 수행 학교를 알고 있다고 전했습니다. 그 학교에는 약 16,000명의 제자들이 소속되어 있으며, 광범위한 지역에 분포하고 있다고 합니다.

힌두 전통에는 이와 관련된 흥미로운 정보들이 풍부하게 전해져 있으며, 이들 내용은 이후 장에서 해설을 곁들여 요약 정리할 예정입니다. 또한, 일부 유럽의 신비주의자들 또한 차크라 개념에 통달하고 있었던 것으로 보입니다. 이와 관련된 명확한 증거는 독일의 유명한 신비가 요한 게오르크 기히텔(Johann Georg Gichtel)이 저술한 『Theosophia Practica(신의 지혜의 실천)』라는 저서에 나타납니다. 기히텔은 야콥 뵈메(Jacob Boehme)의 제자였으며, 장미십자회 비밀 결사와 연관되어 있었던 인물로 추정됩니다.

기히텔은 1638년, 독일 바이에른 주의 라티스본에서 태어났습니다. 그는 신학과 법학을 공부하였으며, 변호사로 활동하였습니다. 그러나 이후, 자신 안의 영적 세계를 자각하게 되면서 세속적 활동을 모두 버리고, 그리스도교 신비주의 운동의 창시자가 되었습니다. 그는 당대의 무지한 정통주의(orthodoxy)에 강하게 반대하였으며, 그로 인해 공격의 대상이 되었고, 1670년경, 결국 추방당하고 재산도 몰수당했습니다. 이후 그는 네덜란드로 망명하여, 남은 40여 년의 생애를 그곳에서 조용히 살았습니다.

기히텔은 자신의 저서 『Theosophia Practica(신의 지혜의 실천)』에 실린 도해들을 비밀스러운 성격을 지닌 것으로 간주했던 것으로 보입니다. 그 그림들은 오랫동안 그의 제자 집단에서만 공유되었던 것으로 알려져 있습니다. 그에 따르면, 이 도해들은 내면의 빛으로부터 비롯된 것이며, 현대적인 표현으로 말하자면 투시적 인식의 결과로 볼 수 있습니다. 그는 책 서문에 다음과 같이 밝히고 있습니다.

> "이 책은 인간 안에 존재하는 세 세계와 세 원리에 대한 간단한 해설이며,
> 이를 명확한 그림으로 표현하고자 한 것입니다. 그 그림들은 각 원리가
> 인간 내면의 어디에, 어떤 방식으로 중심을 이루는지를 보여 줍니다.
> 이 내용은 저자가 깊은 영적 직관 속에서 자기 안에서 발견한 바이며,
> 실제로 느끼고, 맛보고, 인식한 것들입니다."

그러나 그의 시대의 대부분의 신비주의자들과 마찬가지로, 기히텔의 설명에는 정확성이 부족합니다. 이는 참된 오컬티즘이나 신지학적 체계가 갖추어야 할 체계성과 정밀함이 결여되어 있음을 의미합니다. 그는 도해를 설명하는 과정에서, 종종 영적 삶의 문제와 어려움에 대

한 장황한 논의로 흐르며 이탈하거나 곁가지를 칩니다. 이런 점에서, 기히텔의 저서는 도해 해설서로서의 완성도는 낮다고 평가할 수 있습니다. 아마도 그는 너무 많은 것을 드러내는 것을 두려워했을 수도 있으며, 혹은 독자들로 하여금 그가 본 것을 스스로 깨닫고 '보게' 하려는 의도였을 수도 있습니다.

기히텔은 영적으로 고도로 정제된 삶을 살았으며, 이를 통해 일정 수준의 투시력을 개발했을 가능성은 충분합니다. 즉, 그는 실제로 차크라를 '볼 수 있는' 능력은 갖고 있었지만, 그 정확한 본질과 기능에 대해서는 이해하지 못했을 수 있습니다. 그 결과, 그는 자신이 본 형상들에 자신이 속한 신비주의 전통의 상징체계를 덧씌워 해석했을 가능성이 있습니다.

기히텔은, 본문에서 확인할 수 있듯이, 의식이 깨어나지 않은 채 물질적 삶에 얽매인 보통 인간을 주로 다루고 있습니다. 그렇기 때문에 그의 차크라 해석이 다소 비관적으로 보이는 데에도 일정한 이유가 있다고 볼 수 있습니다. 그는 첫 번째 차크라(뿌리)와 두 번째 차크라(비장)에 대해서는 별다른 언급 없이 지나갑니다. 이는 아마도 이 두 차크라가 주로 생리적인 기능과 관련되어 있다는 점을 알고 있었기 때문일 수 있습니다. 그러나 세 번째 차크라인 태양신경총(solar plexus), 즉 태양신경총 차크라에 대해서는, 그곳이 '분노의 자리(home of anger)'라고 명확히 언급합니다. 이 해석은 실제로 신지학적 전통에서도 일정 부분 인정되는 견해입니다.

행성과 원소 아래 놓인 인간 본성의 구조

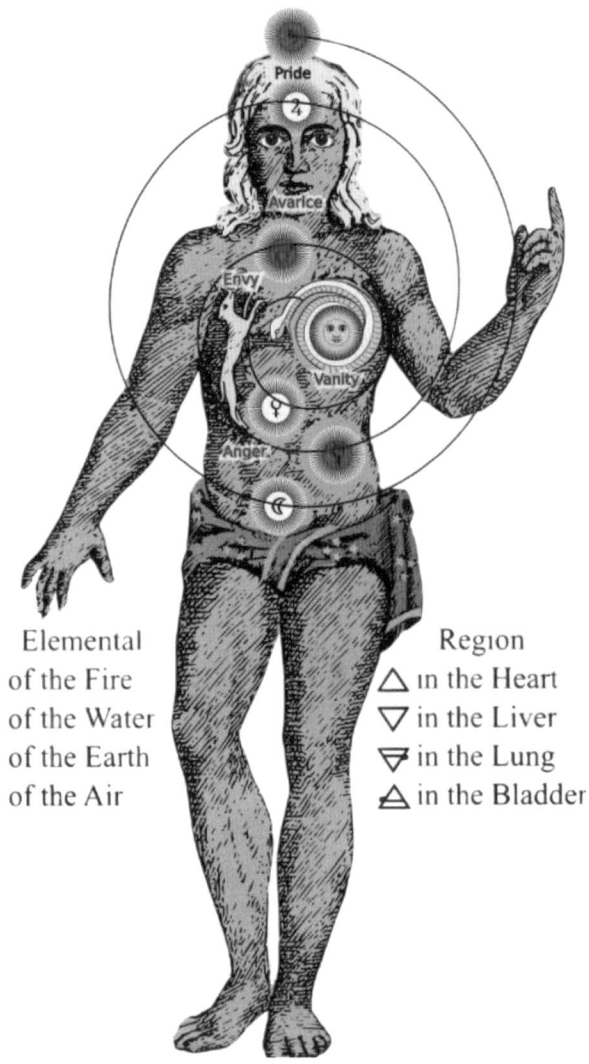

Elemental
of the Fire
of the Water
of the Earth
of the Air

Region
△ in the Heart
▽ in the Liver
▽ in the Lung
△ in the Bladder

도해 3. 기히텔(Gichtel)의 차크라 도해

그 외의 차크라에 대해서는 다음과 같은 부정적 성향의 상징을 부여합니다.

- 심장 차크라: 자기애(self-love)로 가득 차 있음
- 목 차크라: 질투(envy)와 탐욕(avarice)
- 이마 및 크라운 차크라(상위 중심들): 자부심(pride) 이상은 방사하지 않음

그리고 각 차크라에 천체(행성)들을 배정했고, 그 대응 관계는 다음과 같습니다.

차크라 부위	배정된 천체(행성)
뿌리 차크라	달(Moon)
비장 차크라	수성(Mercury)
태양신경총 차크라	금성(Venus)
심장 차크라	태양(Sun)
목 차크라	화성(Mars)
제3의 눈 차크라	목성(Jupiter)
크라운 차크라	토성(Saturn)

※ 주의할 점은, 심장 차크라의 경우 태양이 배정되어 있지만, 그 주위에 뱀이 감겨 있는 모습으로 묘사되어 있다는 점입니다. 이것은 쿤달리니(serpent-fire)의 상징일 가능성이 있습니다.

계속해서 그는 인간의 신체 기관에 4원소(Four Elements)가 다음과 같이 에너지적으로 대응된다고 제시합니다.

- 불(火): 심장에 존재
- 물(水): 간(liver)에 존재
- 흙(土): 폐(lungs)에 존재
- 공기(氣): 방광(bladder)에 존재

특기할 점은, 그는 심장을 감고 있는 뱀으로부터 시작되어 모든 중심을 통과하는 하나의 나선형(spiral) 선을 그림 속에 묘사하고 있다는 점입니다. 이는 일종의 에너지 상승 흐름을 상징할 수 있습니다. 그러나 이 선이 각 차크라를 어떤 순서로 통과하는지에 대한 명확한 설명은 제시되어 있지 않습니다. 또한, 그림 속에 등장하는 달리는 개(running dog)의 상징성에 대해서도 기히텔은 아무런 설명을 하지 않았습니다.[9] 따라서 독자는 이를 자유롭게 해석할 수 있도록 열려 있는 상태로 받아들여야 할 것입니다.

기히텔은 그리스도를 통해 내적으로 변화된 인간에 대한 또 하나의 도해를 제시합니다. 이 그림에서 인간은 뱀을 완전히 짓밟아 제거했으며, 가슴 중앙에는 태양 대신 '불타는 심장'이 자리하고 있습니다. 하지만 그 심장에서는 핏방울이 흐르고 있어, 그 모습은 매우 강렬하고 다소 충격적인 인상을 줍니다.

하지만 우리에게 있어 이 그림의 중요한 가치는 저자의 신학적 해석에 있는 것이 아니라, 그림을 통해 17세기 유럽의 일부 신비가들이 인체 내 일곱 개 에너지 중심의 존재와 정확한 위치를 명확히 알고 있었

---

9) 본문에 언급된 '달리는 개(running dog)'에 관해 이 책의 베타 테스터 중 한 분은 타로 카드 '더 문(The Moon)'에 등장하는 개의 이미지가 연상된다고 말했다. 타로에서 개는 의식과 무의식의 경계에 선 존재로, 본능적 경계심, 내면의 불안, 그리고 미지에 대한 두려움을 상징한다. 이러한 맥락에서 '달리는 개'는 차크라들 사이를 누비며, 인간 내면의 본능과 정신 간의 긴장 또는 통합을 암시하는 상징일 수 있다.(편집자 주)

다는 사실을 의심의 여지 없이 보여 주고 있다는 점에 있습니다. 이러한 에너지 중심들에 대한 초기 지식은 프리메이슨의 의식(ritual) 속에서도 확인할 수 있습니다. 프리메이슨 의식의 핵심 요소들 중 상당수는 태고의 시기(time immemorial)부터 전해 내려온 것들이며 고대 이집트의 기념비들에도 이러한 지식이 존재했음을 보여 주는 증거가 남아 있습니다. 그리고 그것들은 오늘날까지도 충실하게 전해져 오고 있습니다.

프리메이슨 회원들은 이러한 비밀들을 자신들의 교리 속에서 발견하며, 특정 의식과 목적에 따라 실제로 이 에너지 중심들 중 일부를 자극하는 방법도 사용합니다. 다만, 대부분의 경우 그들은 정상적인 감각을 넘어 일어나는 실제 현상에 대해서는 거의 알지 못합니다. 이 주제에 대해서 더 자세히 설명할 수는 없지만, 필자는 이에 관하여 『프리메이슨의 숨겨진 삶(The Hidden Life in Freemasonry)』에서 허용된 범위 내에서 가능한 만큼 자세히 언급한 바 있습니다.

제2장

신성한 세 가지 힘

1. 기본 에너지

신은 그 자신으로부터 다양한 형태의 에너지를 발산합니다. 그중 일부만이 우리가 관찰할 수 있는 수준에 나타나며, 아직 인식되지 않은 에너지만 해도 아마 수백 가지 이상이 있을 것입니다.

현재까지 관찰된 각 에너지는, 연구자들이 도달한 모든 차원 수준마다 고유한 형태로 나타납니다. 그러나 지금은 이들 에너지가 물질계에서 어떻게 나타나는지에만 집중하고자 합니다. 예를 들어, 어떤 에너지는 전기(electricity)로, 다른 하나는 쿤달리니(serpent-fire, 뱀의 불꽃)로, 또 다른 하나는 에테르 생명력(vitality) 또는 생명 에너지(life-force)로 나타납니다. 여기서 말하는 생명 에너지(life-force)는, 에테르 생명력(vitality)과 전혀 다른 성질을 지닌 에너지입니다. 이 차이점은 곧 명확히 설명될 것입니다. 이러한 에너지들을 그 근원까지 추적하고, 서로의 관계를 이해하기 위해서는 인내심 있고 장기적인 연구 노력이 필요합니다.

필자가 『사물의 이면(The Hidden Side of Things)』을 집필하던 당시, 인도 애디야르(Adyar)에서 오랜 시간 동안 정기 모임[10]에서 제기된 질문들을 정리하고 있었습니다. 그 과정에서 필자는 다음 세 가지 에너지가 물질계에서 어떻게 작용하는지는 알고 있었습니다.

- **생명 에너지**(life-force)
- **쿤달리니**(serpent-fire)
- **에테르 생명력**(vitality)

하지만 당시에는 이 세 가지 에너지가 '세 가지 하강 에너지 흐름(Three Outpourings)'과 어떻게 연결되는지는 알지 못했습니다. 그 결과, 이들을 서로 완전히 독립된 에너지로 서술하게 되었습니다. 이후 추가 연구를 통해 그 연결 고리와 관계성을 밝혀낼 수 있었고, 이 기회를 빌려 그 시기의 잘못된 설명을 바로잡을 수 있음에 기쁘게 생각합니다.

차크라를 통해 흐르는 에너지는 세 가지 주요 에너지 흐름으로 나뉘며, 이는 로고스의 세 가지 원리(aspects)를 상징한다고 볼 수 있습니다. 차크라의 꽃잎 모양 입구(bell-like mouth)를 통해 내부로 유입되며 2차적 회전력을 발생시키는 에너지는 제2하강(The Second Outpouring)의 한 표현입니다. 즉, 이는 로고스의 제2원리에서 흘러나오는 생명 흐름으로, 이미 로고스의 제3원리가 제1하강(First Outpouring)에서 생명력

---

10) **인도 애디야르(Adyar)의 정기 모임:** 20세기 초 인도 마드라스(현재의 첸나이)에 위치한 애디야르(Adyar)의 신지학 본부에서, 리드비터(C. W. Leadbeater)와 그 동료들이 야외의 옥상 공간에서 정기적으로 수행과 교리를 토론한 소규모 집회를 뜻한다. 이 모임은 신지학 내부의 심오한 주제와 더불어 차크라, 프라나, 에테르체와 같은 질문과 탐구가 활발히 이루어진 중요한 학습의 장이었다.(편집자 주)

을 부여한 물질 위에 작용하기 위해 보내지는 에너지입니다.

이 개념은 그리스도교의 상징적 가르침에서도 나타납니다. 즉, "그리스도는 성령과 동정 마리아로부터 육화되었다."라는 말은 바로 이 생명 흐름이 에너지화된 물질로부터 형상화되었음을 상징하는 진술입니다.

이 제2하강은 오래전에 시작되어 거의 무한할 만큼 세분화되었습니다. 그것은 단순히 분열되었을 뿐 아니라, 마치 서로 다른 성질을 지닌 여러 흐름으로 구별된 것처럼 보입니다. 그러나 실제로는 우리가 그것을 그렇게 보도록 만드는 환영(마야, maya)일 뿐이며, 본질적으로는 하나의 동일한 힘입니다. 이 에너지는 셀 수 없이 많은 경로를 통해 우주 모든 차원과 하위 차원에서 모습을 드러내지만, 그 근원은 하나이며, 제1하강과는 전혀 다른 성격의 것입니다.

제1하강은 화학적 원소들을 만들어낸 흐름이고, 제2하강은 그 물질을 재료 삼아 다양한 차원에 걸친 '몸체들(vehicles)'을 구성하고 그 안에 생명을 불어넣습니다. 이 에너지가 어떤 경우에는 더 낮고 조밀한 차원에서 나타나는 듯 보이는 이유는, 그것이 보다 밀도 높은 물질을 통해 작용하기 때문입니다.

예를 들어, 붓디계에서는 이 에너지가 '그리스도 원리(Christ-principle)'로 나타나며, 이는 인간의 영혼 깊은 곳에서 조용히, 그리고 점진적으로 확장되고 전개됩니다. 이와 같은 에너지가 심령체와 정신체에 작용할 때는, 해당 차원의 다양한 물질층에 생명력을 불어넣습니다. 고차 심령계에서는 이 힘이 고귀하고 숭고한 감정으로 표현되며, 하위 심령계에서는 단순히 물질을 활성화시키는 생명 에너지의 흐름으로 나타납니다. 즉, 동일한 힘이라 하더라도 그것이 통과하는 물질의 밀도나 위치에 따라 전혀 다른 방식으로 드러납니다.

이 에너지는 가장 낮은 수준으로 구현될 때, 에테르 물질(etheric matter)로 된 베일을 스스로 둘러 쓰며, 심령체로부터 물질 육체의 에테르체 표면에 위치한 차크라들의 꽃모양 입구를 통해 흘러들어옵니다. 그리고 이 지점에서, 이 에너지는 인체 내부 깊숙한 곳에서 솟아오르는 또 다른 힘, 곧 '쿤달리니(Kundalini)' 또는 '뱀의 불꽃(serpent-fire)'이라 불리는 신비로운 에너지와 마주치게 됩니다.

2. 쿤달리니 에너지

1) 쿤달리니의 기원과 본질

(1) 뱀의 불꽃의 기원

이 에너지는 로고스의 다양한 능력 중 하나가 물질계에서 구체화된 표현입니다. 구체적으로는 제1하강(First Outpouring)에 해당하며, 이는 로고스의 제3원리(Third Aspect)에서 유래한 에너지입니다.[11] 이 에너지

---

11) 이 문장은 쿤달리니 에너지가 우주를 창조하고 움직이는 신성한 근원(로고스)에서 나왔으며, 특히 우주가 처음 형태를 갖추기 시작할 때의 근원적 에너지 흐름(제1하강)과, 만물을 만들고 활동성을 부여하는 지성적인 원리(제3원리)와 깊이 연결된 에너지임을 설명한다.(편집자 주)

는 우리가 알고 있는 모든 차원(planes)에서 존재하지만, 현재 우리가 다루는 것은 그것이 에테르 물질(etheric matter)에 나타나는 양상입니다.

이 에너지는 앞서 설명한 기본 에너지(primary force)나, 태양으로부터 유입되는 에테르 생명력(vitality)과는 전혀 호환되지 않습니다. 또한, 우리가 알고 있는 다른 어떤 형태의 물리적 에너지에도 영향을 받지 않습니다.

이러한 특성을 보다 분명히 보여 주는 한 사례가 있습니다. 필자는 과거의 한 실험에서, 125만 볼트에 달하는 전기 에너지가 인간의 몸에 투입되는 장면을 직접 본 적이 있습니다. 그 실험에서 한 남성이 팔을 벽 쪽으로 뻗자, 손가락 끝에서 거대한 불꽃(flames)이 분출되었습니다. 그러나 그는 아무런 통증이나 이상을 느끼지 않았으며, 외부의 물체에 직접 닿지 않는 이상 화상을 입지도 않았습니다. 그럼에도 불구하고, 이처럼 막대한 전기 에너지가 방출되는 상황에서도, 뱀의 불꽃(쿤달리니)에는 전혀 영향을 주지 못했습니다.

(2) 창조 영역과의 공명
우리는 수년 전부터 지구 깊은 곳에 제3로고스의 창조 영역(laboratory of the Third Logos)이 존재함을 알고 있었습니다. 만약 우리가 지구의 중심을 조사한다면, 그곳에는 엄청난 에너지의 구체가 존재함을 발견합니다. 그 중심부 안으로는 인간의 의식이 침투할 수 없습니다. 우리가 접촉 가능한 것은 그 외곽 층뿐입니다. 그리고 우리가 그 외곽 층을 접촉해 볼 때, 우리는 그것들이 인체 내부에 있는 쿤달리니 층들과 공명적 관계(sympathetic relation)를 이루고 있음을 발견합니다.

이 지구 중심부에는 아득한 과거에 제3로고스의 힘이 주입되었으며, 그 에너지는 지금도 여전히 작용 중입니다. 그곳에서는 점진적으로 새로운 화학 원소들이 생성되고 있습니다. 이들 원소는 시간이 갈수록 구조적 복잡성이 증가하며, 그 내부의 에너지 작용과 활동성도 점차 강해지고 있습니다.

화학을 공부한 사람들은 러시아의 화학자 멘델레예프(Mendeleff)가 19세기 후반에 발표한 주기율표에 익숙할 것입니다. 그 표에서는 모든 화학 원소들이 원자량의 순서대로 배열되어 있습니다. 가장 가벼운 수소는 원자량 1이며, 가장 무거운 것으로 알려진 우라늄은 238.5의 상대 원자량을 가집니다.

우리의 신지학적 연구에서는, 이러한 원자량들이 각 원소를 구성하는 '궁극 원자(ultimate atoms)'의 수와 거의 정확히 비례한다는 것을 발견했습니다. 이 수치들과 함께 각 원소의 형태와 조성은 『오컬트 화학(Occult Chemistry)』에 상세히 기록되어 있습니다.

우리가 에테르 시각(etheric sight)을 통해 원소들을 관찰했을 때 확인한 형태들은, 주기율표에서 제시되는 구조와 마찬가지로, 이들 원소들이 직선이 아닌 나선형(spiral) 경로를 따라 주기적으로 진화해 왔음을 나타냅니다. 즉, 원소들은 순환적(cyclic)이며, 상승하는 나선 경로(ascending spiral)를 따라 전개되고 있습니다.

우리는 이미 다음과 같은 정보를 전해 들은 바 있습니다. 수소, 산소, 질소는 지구의 지각의 약 절반, 대기의 대부분을 구성하는 원소들인데, 이들은 우리 태양계의 로고스가 아닌, 더 크고 포괄적인 태양계(solar system)에 속한다고 합니다. 반면, 나머지 대부분의 원소들은 우리 태양계의 로고스에 의해 개발되어 왔습니다. 그리고 이 로고스는 우라늄(uranium)을 넘어서는 더 무거운 원소들을 상상할 수 없는 온도와 압력 조건 아래에서 지속적으로 전개해 나가고 있습니다.

이러한 새 원소들이 생성될 때마다 그들은 지구의 중심에서 외부로, 그리고 위쪽으로 점차 표면 방향으로 밀려 나아가게 됩니다. 우리의 육체에 내재된 쿤달리니의 에너지는 바로 이 지구 중심부, 즉 성령(Holy Ghost)의 창조 영역으로 불리는 그 깊은 영역에서 비롯됩니다.

이 에너지는 지하 세계의 불꽃에 속하는 것으로, 태양으로부터 오는 생명력의 불꽃과는 강렬하게 대조적인 성질을 가집니다. 태양의 불꽃은 공기, 빛, 광대한 공간에 속하는 반면, 뱀의 불꽃(쿤달리니)은 훨씬 더 물질적(material)이며, 예를 들어 달군 쇠붙이, 타오르는 금속과 같은 물질계의 화염에 가깝습니다.

이 엄청난 힘에는 일정한 '공포스러운' 측면이 존재합니다. 그 에너지는 마치 물질 속으로 깊이, 더욱 깊이 침잠해 들어가는 힘처럼 느껴지며, 매우 느리지만, 거역할 수 없고, 중단 없는 확실성을 가지고 끊임없이 작용하는 하강의 힘으로 인식됩니다.

그러나 주의할 점은, 뱀의 불꽃은 제3로고스가 더 조밀한 화학 원소들을 만들기 위해 사용하는 그 원초적 창조 에너지 자체는 아니라는 사실입니다. 오히려 뱀의 불꽃은 라듐과 같은 원소 내부의 생명 중심(living centre)에 존재하는 힘의 더 진보된 형태라고 볼 수 있습니다. 즉, 그것은 제3로고스의 생명 에너지가 물질계에서 최하층까지 내려온 뒤, 이제 다시 그 기원으로 상승해 가는 작용의 일환인 것입니다.

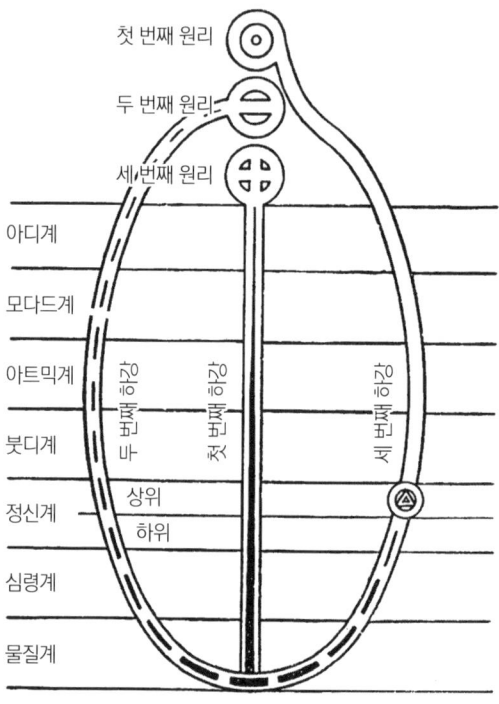

도해 4. 로고스 3원리의 하강과 진화의 흐름

2) 진화의 상승 곡선과 쿤달리니

우리는 이미 오래전부터, 제2로고스의 생명 흐름(Second Life-Wave) 이 제1, 제2, 제3원소계(elemental kingdoms)를 거쳐 광물계(mineral kingdom)까지 하강한 후, 다시 식물계 → 동물계 → 인간계로 상승해 간다는 신지학의 원리를 이해하고 있었습니다. 이 상승의 여정은, 결 국 인간의 차원에서, 위에서 내려오는 제1로고스의 의식 에너지와 조 우하게 됩니다.

이러한 구조는 본서의 도해 4에 상징적으로 표현되어 있습니다. 그 도해에서 제2하강의 타원형 에너지 흐름은 도표의 왼쪽을 따라 내려가 가장 조밀한 지점에 도달한 뒤, 다시 오른쪽 곡선을 따라 상승 곡선으로 전개됩니다.

우리는 이제, 제3로고스의 에너지도 그 하강이 끝난 최저점(lowest point)에서 다시 상승하는 경로를 따라 되돌아간다는 사실을 알게 되었습니다. 따라서 앞서 언급된 도해의 중심을 가로지르는 수직선(vertical line) 역시, 단순히 아래로만 흐르는 것이 아니라, 그 경로를 따라 다시 위로 상승하는 '되돌아가는 움직임', 즉 상승 회복의 흐름을 함께 포함하고 있음을 상상해야 합니다.

이때의 쿤달리니(Kundalini)는, 바로 이 상승 경로상에서 작용하는 제3하강의 힘이며, 앞서 설명된 기본 에너지(primary force)와 긴밀히 결합하여 작용합니다. 이 두 에너지는 함께 작용함으로써 진화 중인 존재가 '제1로고스의 하강 에너지'를 받아들일 수 있는 수준에 이르도록 돕습니다. 그 결과, 존재는 자각하는 개체(Ego)로서의 인간으로 탄생할 수 있으며, 이후에도 자신의 다양한 몸체(vehicles)를 유지한 채 의식의 진화 경로를 계속해 나갑니다.

이처럼, 우리는 하늘 위에서만이 아니라, 땅 아래로부터도 신의 거대한 에너지를 끌어올립니다. 우리는 태양의 자식일 뿐만 아니라, 지구의 자식이기도 합니다. 이 두 에너지는 우리 안에서 만납니다, 그리고 함께 작용하여 우리의 진화를 위해 협력합니다. 이 중 어느 하나만으로는 충분하지 않으며, 한쪽이 과도하게 우세할 경우, 심각한 위험이 발생할 수 있습니다. 따라서, 인간의 삶이 순수하게 정화되기 이전에 쿤달리니의 더 깊은 층을 자극하려는 시도는 위험성을 수반하는 행위입니다.

오늘날 우리는 이 낯설고도 신비로운 불꽃, 즉 뱀의 불꽃(serpent-fire)에 대해 많은 이야기를 듣고 있으며, 그 조기 각성의 위험성에 대해서도 자주 언급되고 있습니다. 이 중 많은 내용은 분명히 사실에 기반한 경고입니다.

실제로, 이 격렬한 에너지의 상위 측면(higher aspects)을 그에 맞는 자제력과 정신적 정화 없이 각성시킬 경우, 그 사람은 심각한 위험에 직면할 수 있습니다. 이러한 막강한 잠재력은 오직 삶과 생각의 순수성을 갖춘 자만이 안전하게 다룰 수 있는 것입니다. 그러나, 쿤달리니 에너지가 우리의 일상생활에서 훨씬 더 큰 역할을 하고 있다는 사실은 대다수 사람들에게 아직까지 잘 알려져 있지 않습니다.

이 에너지는 다음과 같은 훨씬 낮고 부드러운 형태로, 이미 우리 모두 안에서 깨어 있으며 전혀 해를 끼치지 않을 뿐 아니라, 유익하고 복된 방식으로 주어진 역할을 수행하고 있습니다. 그 에너지는 밤낮을 가리지 않고 작용하며, 우리는 그 존재와 활동을 의식하지 못한 채 살아갑니다.

3) 쿤달리니의 구조와 경로

(1) 다층 구조와 뿌리 차크라

우리는 이 에너지를 오랫동안 신경을 따라 흐르는 신경 유체(nerve-fluid)로 인식했지만, 그 실체가 바로 쿤달리니의 외적 표현임을 알아차리지 못했을 뿐입니다. 이를 분석하고 그 근원을 추적해 본 결과, 이에너지는 뿌리 차크라(Root Chakra)에서 신체 내부로 유입되고 있음이 밝혀졌습니다.

다른 모든 에너지들과 마찬가지로, 쿤달리니 자체는 <u>**눈에 보이지 않는 에너지**</u>입니다. 그러나 인체 내에서는 특정한 형태로 옷을 입습니다. <u>그 형태는 심령 물질(astral matter)과 에테르 물질(etheric matter)로 이루어진 속이 빈 동심원형 구체들(hollow concentric spheres)로, 중국식 퍼즐 공처럼, 하나가 다른 하나 안에 포함된 형태입니다.</u>

이와 같은 동심구는 7겹으로 존재하며, 척추의 마지막 실제 세포, 즉 미추(coccyx) 부근에 자리한 뿌리 차크라 안팎에 위치하고 있습니다. 일반적인 사람들은 가장 바깥쪽 층의 에너지(힘)만 활성화되어 있고 나머지 층들의 에너지는 동양 문헌의 표현처럼 "잠들어 있는(sleeping)" 상태로 존재합니다.

이 내부의 잠재된 층들을 의도적으로 각성하려 할 때, 비로소 이 에너지의 위험한 현상들이 나타나기 시작합니다. 반면, 구체의 외피에 흐르는 무해한 불꽃(harmless fire)은 척추를 따라 상승합니다. 현재까지의 연구에 따르면, 그 통로는 수슘나[12], 이다[13], 핑갈라[14] 이 세 가지 척추 통로를 동시에 사용하는 것으로 밝혀져 있습니다(이하 내용은 부록의 그림 10을 참조).

(2) 척수의 세 통로와 의식 상승

모든 인간의 척수(spinal cord) 안팎으로 흐르는 세 개의 주요 에너지 흐름에 관하여, H. P. 블라바츠키는 『비밀의 교리(The Secret Doctrine)』에서 다음과 같이 설명하였습니다.

> "초히말라야 학교[15]는 수슘나(Sushumna)를 이 세 나디(Nadis)의 주 통로로 보고 있으며, 그것은 척수의 중심관(central tube)에 위치한다고 말합니다. 이다(Ida)와 핑갈라(Pingala)는, 인간 본성의 중심 음조에 해당하는 파(♭) 음의 반음(Sharps and Flats)과 같습니다. 적절한 방식으로

---

12) **수슘나(Sushumna):** 힌두 요가 전통과 신지학에서 말하는 중앙 주에너지 관으로, 척추를 따라 뻗은 쿤달리니 에너지의 주요 통로이다. 차크라를 수직으로 연결하며, 이다와 핑갈라의 균형이 이뤄질 때 활성화된다.(편집자 주)

13) **이다(Ida):** 에너지의 좌측 경로로, 월성과 냉성의 속성을 지닌다. 신체 좌측을 따라 올라가며, 감성·직관·심상적 에너지와 관련된다. 일반적으로 우뇌와 연결된다.(편집자 주)

14) **핑갈라(Pingala):** 에너지의 우측 경로로, 태양성과 열성의 속성을 지닌다. 신체 우측을 따라 올라가며, 이성·활동·분석적 생각과 연관되며, 좌뇌와 연결된다.(편집자 주)

15) **초히말라야 학교(Trans-Himalayan school):** 신지학 전통에서 말하는 티베트 및 인도 북부의 비가시적 영적 스승단의 상징적 명칭. 마하아트마(Mahatma)로 불리는 스승들이 활동하며, 블라바츠키가 그들과의 교신을 통해 가르침을 받았다고 전해진다.(편집자 주)

이 음이 울려질 때, 이는 양쪽의 '문지기'들, 즉 정신적 마나스[16]와 육체적 카마(욕망)[17]를 깨우며, 하위를 상위로 제압하는 작용을 일으킵니다."[18]

블라바츠키는 또 다음과 같이 이어 설명합니다.

"순수한 아카샤[19]는 수슘나(Sushumna)를 따라 상승하며, 그것의 두 측면이 각각 이다와 핑갈라를 통해 흐릅니다. 이 세 에너지는 '세 가지 생명적 기운(three vital airs)'이며, 브라만의 실(Brahmanical thread)로 상징됩니다. 이들은 의지(Will)에 의해 지배됩니다. 의지(Will)와 욕망(Desire)은 본질상 같은 것의 상위와 하위 측면입니다. 그러므로, 이 통로들의 순수성이 매우 중요한 것입니다."[20]

또한 블라바츠키는 다음과 같이 덧붙입니다.

"이다와 핑갈라는 수슘나가 위치한 척추의 곡면을 따라 흐릅니다. 이들은 반물질적(semi-material)이며, 각각 양(positive)과 음(negative), 태양(sun)과 달(moon)에 대응합니다. 이 두 에너지가 수슘나의 자유롭고

---

16) **마나스(Manas):** '정신' 또는 '생각의 능력'을 뜻하며, 인간의 상위 자아(Ego)를 구성하는 일곱 원리 중 하나. 하위 마나스는 감정과 연결되고, 상위 마나스는 붓디(Buddhi)와 결합하여 진정한 자아를 형성한다.(편집자 주)

17) **카마(Kâma):** '욕망' 또는 '감정적 충동'을 의미하며, 인간의 욕망체(desire body)의 중심 원리이다. 카마는 마나스와 결합하여 카마−마나스(kâma-manas)를 형성하며, 이는 인격(personality)의 심리적 중심이 된다.(편집자 주)

18) The Secret Doctrine, Fifth Adyar Edition, Vol. V, p.480.

19) **아카샤(Akasha):** 아카샤는 우주의 근원적 에너지이자 의식의 미세한 매질로, 순수한 아카샤는 수슘나를 따라 상승하고, 이다와 핑갈라를 통해 그 두 측면이 흐른다. 블라바츠키는 이를 '세 가지 생명적 기운' 중 하나로 보며, 의지(Will)에 의해 조율되는 브라만의 실로 상징하였다.(편집자 주)

20) The Secret Doctrine, Fifth Adyar Edition, Vol. V, p.510.

영적인 흐름을 활성화시키는 역할을 합니다. 이다와 핑갈라는 자체의 고유한 경로를 가지며, 그렇지 않으면 에너지가 신체 전체에 흩어져 버릴 것입니다."[21]

(3) 프리메이슨에서의 활용

필자는 『프리메이슨 속 숨겨진 삶(The Hidden Life in Freemasonry)』에서, 이 에너지들에 대한 프리메이슨의 실천적 활용에 대해 다음과 같이 언급하였습니다.

프리메이슨의 목적 중 하나는 인간의 몸 안에서 이 3가지 에너지의 작용을 자극하여 진화를 가속화하는 것입니다. 이 자극은 R. W. M.(Right Worshipful Master)이 '창조·수용·확립'의 세 행위를 수행하는 각 의식의 순간에 이루어집니다.

제1도(Degree Ⅰ)에서는 이다(Ida), 즉 여성적 측면이 활성화되어, 입문자가 자신의 욕망과 감정을 보다 쉽게 통제할 수 있도록 돕습니다.

제2도(Degree Ⅱ)에서는 핑갈라(Pingala), 즉 남성적 측면이 강화되어, 정신적 명료성과 의지력이 높아집니다.

제3도(Degree Ⅲ)에 이르면 중심 경로인 수슘나(Sushumna)가 각성되어, 상위 차원에서 오는 순수한 영적 에너지가 내려올 수 있는 통로가 열리게 됩니다.

---

21) Ibid., p.520.

이 수슘나를 따라 상승하는 에너지 경로는, 요기[22]가 육체를 떠난 상태에서도 의식을 유지하며 상위 차원으로 이동할 수 있는 내적 통로입니다. 그리고 그 체험을 다시 물질계의 두뇌로 가져올 수 있도록 돕습니다. 이후의 도해에서는 이 에너지 흐름이 인간의 몸을 어떻게 따라 움직이는지를 간략하게 나타냅니다. 남성의 경우, 이다는 수슘나의 왼쪽, 핑갈라는 오른쪽에서 시작됩니다. 여성의 경우, 이 위치는 좌우가 반전됩니다. 이 세 나디는 모두 연수부(뇌줄기의 하단 부분)에서 끝납니다.[23] 이때 '좌우(left and right)'는 관찰자 기준이 아니라, 대상자(인체) 기준임을 유의해야 합니다.

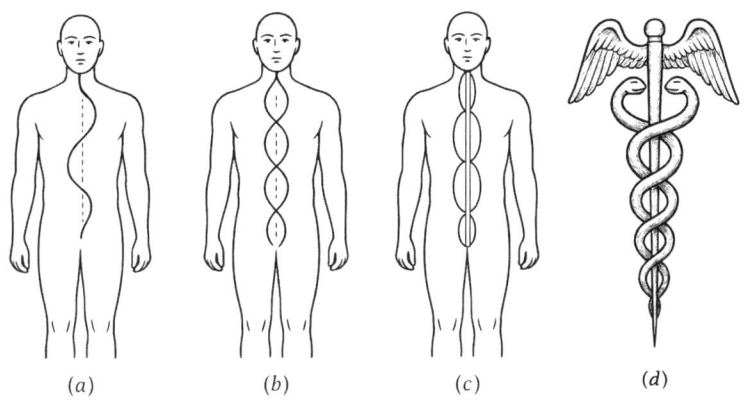

(a) (b) (c) (d)

도해 5. 3가지 나디의 흐름과 상징적 에너지 구조

---

22) **요기(Yogi)**: 깊은 명상과 훈련을 통해 내면의 에너지를 다루는 수행자. 에테르체와 나디를 통제하여 의식 상태를 초월적으로 확장할 수 있는 자.(편집자 주)

23) The Hidden Life in Freemasonry.

인도 전통에서 척추(spine)는 브라흐마의 지팡이[24]라 불립니다. 도해 5(d)는, 이 이 척추가 바로 고대 신화에 등장하는 헤르메스(머큐리)의 지팡이인 케뤼케이온[25]의 원형이라는 사실을 보여 줍니다. 그 지팡이를 따라 휘감긴 두 마리의 뱀은 쿤달리니, 곧 '뱀의 불꽃(serpent-fire)'을 상징하며, 이 에너지는 나디 경로를 따라 상승하며 의식의 각성을 이끕니다. 지팡이 상단의 날개는, 이 에너지가 활성화되었을 때 가능해지는 의식의 고차원적 비행 능력을 상징합니다.

도해 5(a)는 제1도 입문(Initiation into the First Degree) 이후, 이다 나디(Ida Nadi)가 자극된 상태를 보여 주며, 그 에너지 흐름은 선홍색(crimson)으로 표현됩니다.

도해 5(b)에서는 제2도 통과(Passing) 시, 핑갈라 나디(Pingala Nadi)가 자극되며, 여기에 노란색 에너지 흐름(yellow line)이 추가됩니다.

도해 5(c)에서는 제3도 상승(Raising)때 수슘나(Sushumna)를 따라 상승하는 짙은 파란색 흐름(deep blue stream)이 완성되는 장면이며, 이로써 세 에너지 흐름의 전체 순환 구조가 형성됩니다.

---

24) **브라흐마의 지팡이**(Brahmadanda): 힌두 전통에서 척추를 상징하는 표현으로, 브라흐마(창조 신)의 힘이 깃든 중심축을 뜻한다. 에너지 상승(쿤달리니)과 의식의 중심 경로를 가리킨다.(편집자 주)

25) **케뤼케이온**(Caduceus): 고대 그리스 신 헤르메스(로마신 머큐리)의 지팡이로, 두 마리의 뱀과 날개가 달린 상징물. 신지학과 요가에서는 두 나디(이다와 핑갈라)의 교차와 의식의 상승을 상징한다.(편집자 주)

4) 쿤달리니의 상승, 변형, 그리고 상호작용

(1) 쿤달리니 에너지의 특성화

쿤달리니 에너지(Kundalini)는 이러한 상승 경로를 통과하면서 특수화(specialization) 과정을 거칩니다. 그 특수화는 두 가지 방식으로 일어납니다.

① 양과 음의 혼합적 속성

이 에너지는 양(positive)과 음(negative), 즉 남성적(masculine)과 여성적(feminine) 속성이 기묘하게 뒤섞인 구조를 가지고 있습니다. 전체적으로는 여성적 속성이 우세하며, 인도 경전에서는 이 힘을 항상 "그녀(She)"로 지칭합니다. 또한 일부 요가 전통에서는, 쿤달리니가 마음속 특정 공간("심장의 방")에 자리한다고 하며, 『침묵의 소리(The Voice of the Silence)』에서는 이곳을 "세계의 어머니(World's Mother)"의 거처로 묘사합니다.

그러나, 이 불꽃이 뿌리 차크라(root chakra)에서 일어나 앞서 언급한 세 통로(이다, 핑갈라, 수슘나)를 따라 상승할 때, 그 에너지의 성격은 각 통로에 따라 뚜렷한 차이를 보입니다. 핑갈라(Pingala)를 따라 오르는 흐름은 거의 전적으로 남성적이며, 이다(Ida)를 따라 상승하는 흐름은 거의 전적으로 여성적입니다. 반면 수슘나(Sushumna)를 따라 흐르는 주된 에너지는 그 원래의 중성적 균형을 유지합니다.

② 인격과의 융합

쿤달리니는 척추를 상승하는 과정에서 그 사람의 인격적 특성 (personality)을 강하게 흡수하게 됩니다. 이 에너지는 척추 하단에서 들어올 때에는 일반적이고 비개인적인 에너지입니다. 하지만, 척추 상단을 빠져나갈 때에는 그 사람만의 신경 에너지로 전환되어 있습니다. 이 신경 에너지는 해당 인물의 고유한 기질과 성향을 그대로 담고 있으며, 그 특성들은 척추 안의 중심부에서 진동의 형태로 표현됩니다. 이러한 중심들은, 표면의 차크라 구조에서 줄기(stem)가 뻗어 나오는 '뿌리' 혹은 근원에 해당합니다. 즉, 각 차크라는 겉으로 보이는 꽃잎 구조 이전에, 척추 내에 깊이 박혀 있는 핵심 중심에서 시작된다는 뜻입니다.

(2) 에너지들의 결합과 복합 자기장

차크라(chakra)는 꽃 모양의 종형 구조(flower-like bell)를 가지며, 그 입구는 에테르체(etheric body)의 표면에 위치하지만, 그 꽃줄기(stem)는 언제나 척수(spinal cord)의 중심에서 자라납니다.

대부분의 힌두 문헌에서 말하는 '차크라'는, 우리 눈에 보이는 외부의 소용돌이 구조가 아니라, 척수 내부의 중심들을 가리키는 경우가 많습니다. 즉, 차크라가 겉으로 드러나는 형태보다는, 척추 속에 자리한 실질적 에너지 중심들을 의미하는 것입니다. 각 차크라는 대개 아래로 휘어진 에테르 줄기(etheric stem)를 지니고 있으며, 이 줄기는 척수 내의 중심부(근원)와 에테르체 표면에 위치한 차크라 본체를 연결합니다(부록 그림 9 참조).

이처럼, 모든 차크라의 줄기는 척수에서 출발하므로, 쿤달리니의 힘은 자연스럽게 이 줄기를 타고 꽃 모양의 입구로 유입됩니다. 그곳에서, 이 에너지는 위로부터 유입되는 신성한 생명 흐름(the divine life)과 조우하며, 이 두 흐름의 충돌로 인해 강한 압력이 발생하고, 그 결과, 이 혼합된 에너지는 차크라의 바큇살(spokes)을 따라 수평 방향으로 방사하게 됩니다.

이 지점에서는 기본 에너지(primary force)와 쿤달리니(kundalini)의 흐름이 서로 반대 방향으로 회전하면서 마찰하게 되며, 이로 인해 강한 압력과 상호 작용이 형성됩니다.

이 현상은 전통적으로 "신성과 쿤달리니의 결혼(marriage)"으로 상징됩니다. 여기서 신성한 생명 흐름은 강력한 남성성을 띠며, 쿤달리니는 전통적으로 여성적 에너지로 간주됩니다. 이 두 에너지의 결합으로 형성된 복합 에너지(compound energy)가 우리가 흔히 말하는 "개인의 자기장(personal magnetism)"에 해당합니다.

이 복합 에너지는 ① 여러 차크라 주변의 신경 에너지망(plexus)에 에너지를 불어넣고, ② 신경을 따라 온몸으로 흐르면서 체온을 유지하는 주된 요인이 됩니다. 그리고 ③ 비장 차크라에서 흡수되어 특화된 에테르 생명력(vitality) 또한 함께 운반합니다.

(3) 미시계 에너지 입자들의 형태와 결합

앞서 설명한 두 에너지가 결합할 때에는 각 에너지의 구성 입자들 일부가 상호 결합(interlocking) 현상이 발생합니다. 기본 에너지(primary force)는 다양한 에테르 형체(etheric form)를 취할 수 있으나, 그중 가장 흔한 구조는 팔면체(octahedron)입니다. 이 팔면체는 4개의 원자(atom)가 정사각형으로 배치되어 있고, 중앙 원자 하나가 상하로 진동하며 구조 중심을 관통합니다. 이 진동은 정사각형 평면에 수직 방향에서 발생합니다. 또 다른 형태로는, 3개의 원자로 이루어진 매우 활동적인 소형 분자가 사용되기도 합니다.[26]

한편 쿤달리니(kundalini)는 주로 7개의 원자로 구성된 납작한 고리 (flat ring) 형태로 존재합니다. 이와 유사하게, 에테르 생명 입자(vitality globule) 또한 7개의 원자로 구성되어 있지만, 기본 에너지와 달리 육각형(hexagon) 구조를 이루고 있다는 점에서 차이를 보입니다. 도해 6에서는 이러한 입자 구조의 차이를 시각적으로 비교할 수 있습니다.

---

26) 이 책에서 "원자(atom)"라는 용어는 일반 화학에서 말하는 원자를 의미하지 않는다. 이 용어는 자연의 각 차원(plane)의 가장 높은 하위 차원(sub-plane)에 존재하는 기초적인 물질 단위를 뜻한다. 마찬가지로, "분자(molecule)"는 이러한 기초 원자들이 결합하여 형성된 구조를 가리키며, 이는 화학적 원자들이 화학 분자를 형성하는 방식과 유사한 구조적 개념이다.(편집자 주)

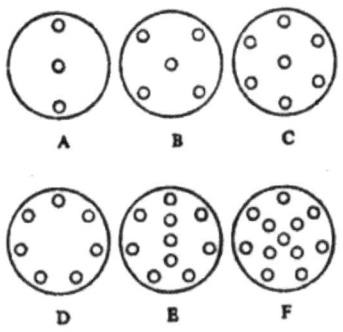

도해 6. 에테르 입자의 형체

도형 A와 B는 기본 에너지(primary force)가 취하는 형태를 나타냅니다. 도형 C는 에테르 생명 입자(vitality globule)의 구조를, 도형 D는 쿤달리니(kundalini)의 구조를 나타냅니다. 도형 E는 A와 D가 결합했을 때의 효과를, 도형 F는 B와 D가 결합했을 때의 효과를 보여 줍니다.

도형 A, B, C의 경우, 중심 원자(central atom)는 종이 표면에 대해 수직 방향으로 매우 빠르게 진동하고 있습니다. 그 진동은 종이 표면 위로 솟구쳤다가 디스크 지름보다 더 높은 높이까지 올라간 뒤 동일한 거리만큼 다시 종이 아래로 내려가며 이러한 왕복 운동(shuttle-like motion)을 1초에 여러 차례 반복합니다. 물론, 이 설명은 상대적 비유(relatively speaking)이며, 문자 그대로의 치수나 위치를 말하는 것은 아닙니다. 실제로 이 도식이 나타내는 입자 구조의 실제 크기는 현존하는 가장 강력한 현미경으로도 보이지 않을 정도로 미세합니다. 그러나 그 미시적 규모에 비례한 진동 양상은 지금 설명한 대로 이해할 수 있습니다.

도형 D에서는 이와 같은 수직 진동은 존재하지 않습니다. 대신, 그 원자들은 원형 경로를 따라 일정한 방향으로 계속 회전하고 있으며, 이 구조 안에는 막대한 잠재 에너지(latent energy)가 축적되어 있습니다. 이 잠재 에너지는, 도형 E와 F에서 묘사된 바와 같이 기본 에너지와의 결합이 이루어지는 순간 즉시 활성화됩니다. 결합 이후, 도형 A와 B에 존재하던 양전하 원자(positive atoms)들은 기존의 격렬한 활동성을 그대로 유지할 뿐 아니라, 오히려 그 활력이 더욱 강해지는 경향을 보입니다.

한편, 도형 D의 원자들도 원형 경로를 따라 계속 이동하지만, 그 속도가 극적으로 가속(accelerated)되어 개별 입자로 구분되지 않을 정도가 됩니다. 결과적으로, 이 구조는 빛나는 원형 고리(glowing ring)처럼 나타납니다.

앞서 도식에서 제시된 첫 네 개의 입자 구조(A, B, C, D)는 『오컬트 화학(Occult Chemistry)』에서 애니 베전트(Dr. Annie Besant)가 '초근원 물질 (Hyper-meta-proto-elemental matter)'이라 명명한 유형에 속합니다. 실제로, 이들 중 일부는 『오컬트 화학』에서 그녀가 직접 그린 것과 동일할 수도 있습니다.

그러나 E와 F는 두 개의 입자가 결합된 복합 구조(compound)이므로, 그 작용 영역은 그보다 한 단계 낮은 하위 차원(sub-plane)인 '초에테르계(super-etheric plane)'에 해당하며, 이 경우에는 '근원 물질(meta-proto matter)'로 분류됩니다.

유형 B는 유형 A보다 훨씬 더 흔하게 존재하며, 따라서 최종적으로 형성되는 신경 유체(nerve-fluid) 속에서는 E와 F 형태의 입자들이 더 많이 발견됩니다. 이 신경 유체는 하나의 흐름(stream) 안에 단순 입자와 복합 입자, 결합되지 않은 독립 입자들과, 서로 결합하여 에너지를 공유하는 쌍 입자들이 다양한 조합으로 공존하며 하나의 역동적으로 흐르고 있는 형태로 구성되어 있습니다.

(4) 복합 입자의 자기장과 링가 상징

도형 E와 F의 중심 원자에서 나타나는 매우 강렬한 상하 진동은 그 입자들이 생성하는 자기장(magnetic field) 내에서 특이하고 인상적인 형태를 만들어 냅니다. 이 형태는 도해 7에 나타나 있습니다.

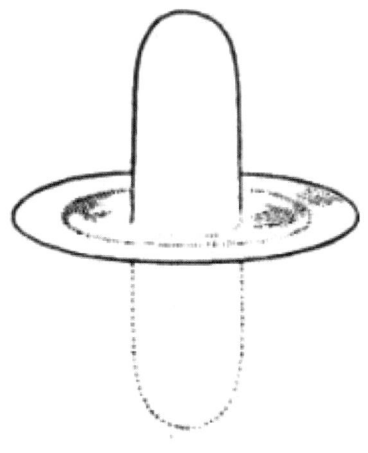

도해 7. 복합 입자의 자기장 형태

이 자기장 구조의 상부 절반 부분은 인도 시바(Shiva)의 사원 앞에 자주 세워진 상징물인 '링가(Linga)'의 형상과 매우 흡사해 보입니다. 전해지는 바에 따르면, 링가는 창조력(creative power)의 상징으로 여겨지며, 힌두 수행자들은 이 형상이 지면 위로 솟은 부분과 동일한 길이만큼 지면 아래로도 뻗어 있다고 믿고 있습니다.

필자는 종종 다음과 같은 궁금증을 가져왔습니다.

고대 힌두 수행자들이 이와 같은 활성 분자(active molecule)를 실제로 투시 인식(clairvoyance) 했던 것은 아닐까? 그들은 이 구조가 인간과 동물의 생명을 유지하는 데 매우 중요한 역할을 한다는 사실을 알고 있었던 것이 아닐까? 그리고 그들은 이 신비한 에너지 구조에 대한 비전의 지식(occult knowledge)을 돌에 새긴 상징물로 남긴 것은 아닐까?

5) 쿤달리니와 신경계

(1) 교감신경계와 중추신경계

해부학자들은 인간 신체에 두 가지 주요 신경계를 구분하여 설명합니다. 하나는 중추신경계(cerebro-spinal system)이고, 다른 하나는 교감신경계(sympathetic system)입니다. 중추신경계는 뇌에서 시작되어 척수를 따라 이어지며, 척추 마디마다 존재하는 신경절(ganglia)을 통해 신경들이 몸 전체로 퍼져 나가도록 구성되어 있습니다.

교감신경계는 척추의 중심축보다 약간 앞쪽, 양쪽 좌우에 각각 위치한 두 개의 신경줄기(cords)로 이루어져 있으며, 이 신경줄기들에는 중추신경계의 신경절보다 수는 적지만, 여전히 중요한 교감신경절이 배열되어 있습니다. 이들 교감신경절에서는 교감신경 섬유(sympathetic nerves)가 나와 복잡한 신경망(plexuses)을 형성하고, 이 신경망은 다시 작은 말단 신경절과 신경들을 뻗어 보내 각 기관에 도달합니다.

이 두 신경계는 서로 수많은 연결 신경(connecting nerves)을 통해 정교하게 얽혀 있으며, 이로 인해 완전히 분리된 독립적 체계로 간주할 수 없습니다. 여기에 더해 세 번째 주요 신경계, 즉 미주신경(vagus nerves)이 존재합니다. 이 신경은 뇌줄기의 아랫부분(연수, medulla oblongata)에서 시작하여 몸 깊숙이까지 독립적으로 내려가며, 그 경로를 따라 중추신경계와 교감신경계의 다양한 신경망과 지속적으로 연결됩니다.

부록의 그림 9에서는 척수, 좌측 교감신경줄기, 좌측 미주신경이 함께 그려져 있습니다. 이 그림은 중추신경계의 신경절과 교감신경절 사이의 연결 상태, 그리고 교감신경절에서 주요 교감 신경망(plexuses)으로 신경이 뻗어 나가는 경로를 보여 줍니다. 그림 9를 보면, 각 신경망(plexus)은 그 기원이 되는 신경절로부터 아래 방향으로 늘어져 내려오는 경향이 있습니다. 예를 들어, 복강신경총(coeliac or solar plexus)은 제5흉추 교감신경절에서 유래하는 대내장신경(great splanchnic nerve)에 크게 의존하며, 이 교감신경절은 제4흉추 중추신경절(spinal ganglion)과 연결되어 있습니다.

이 구조는 수평으로 볼 때 심장과 거의 같은 높이에 위치하지만, 해당 신경은 그 지점에서 아래쪽으로 향하면서 소내장신경 및 최소내장신경과 합류합니다. 이들 신경은 하위 흉추 부위의 교감신경절에서 유래하여 횡격막을 통과한 뒤 복강신경총(solar plexus)으로 이어집니다. 그림에는 이러한 신경망이 다른 신경줄기들과 연결되는 경로 일부가 나타나 있지만, 그 구조는 매우 복잡하여 전부 설명하기는 어렵습니다. 심장신경총(cardiac plexus)으로 이어지는 주요 신경들도 이와 유사하게 원래 위치보다 아래로 향하는 경로를 취하는 경향이 있습니다.

한편, 인두신경총(pharyngeal plexus)은 이러한 경로 변화가 거의 없고, 경동맥신경총(carotid plexus)은 오히려 위로 향하는 곡선을 그리는 특징이 있습니다. 이 경동맥신경은 상경 교감신경절(superior cervical sympathetic ganglion)에서 나와, 내경동맥신경(internal carotid nerve)을 따라 위로 뻗어 올라가는 경로를 형성합니다.

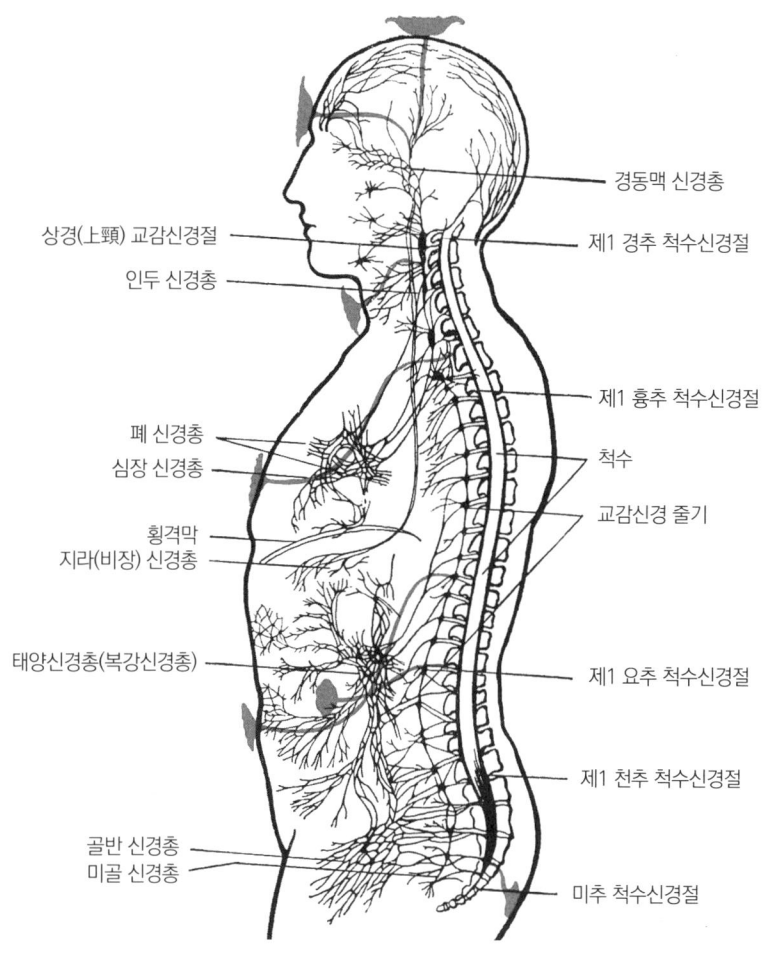

상경(上頸) 교감신경절

인두 신경총

폐 신경총
심장 신경총

횡격막
지라(비장) 신경총

태양신경총(복강신경총)

골반 신경총
미골 신경총

경동맥 신경총

제1 경추 척수신경절

제1 흉추 척수신경절

척수

교감신경 줄기

제1 요추 척수신경절

제1 천추 척수신경절

미추 척수신경절

부록 그림 9. 차크라와 신경계
(부록에서 컬러 그림을 확인할 수 있습니다.)

(2) 차크라, 척추중심, 신경총의 연결

에테르체(etheric double)의 표면에 위치한 차크라들(chakras)을 척추 속의 해당 중심들과 연결해 주는 에테르 줄기(etheric stem) 또한 약간 아래로 늘어진 곡선(droop)을 보여 줍니다. 이 중심들은 그림 9에 붉은 색으로 표시된 위치에 대략 해당하며, 그 구체적인 정보는 표 2에 정리되어 있습니다.

차크라에서 바퀴살(spokes) 모양으로 방사되는 에너지는 교감신경계의 신경총에 힘을 공급하여 이들이 중계 기능(relay work)을 수행할 수 있도록 돕습니다. 현재까지의 지식수준으로 보았을 때, 차크라를 곧바로 신경총과 동일시하는 것은 다소 성급한 판단으로 보입니다. 일부 저술가들이 그러한 견해를 취하기도 하지만, 이는 신중히 접근해야 할 문제입니다.

이 부위에 모여 있는 여러 신경총은, 의식적 활동이라는 측면에서 대부분 태양신경총(solar plexus)의 지배 아래 있다고 볼 수 있습니다. 이는 이들 신경총뿐 아니라 비장 신경총(splenic plexus) 역시, 수많은 신경을 통해 태양신경총과 매우 밀접하게 연결되어 있기 때문입니다.

하복부 신경총(hypogastric plexus) 또는 골반 신경총(pelvic plexus)은 생식기관 주변에 위치한 천골 차크라(Svadhisthana chakra)와 어떤 방식으로든 연관되어 있음이 분명합니다. 이 차크라는 인도 문헌에서는 자주 언급되지만, 본 저자의 차크라 개발 체계에서는 사용되지 않습니다.

표 2. 차크라와 신경총 대응표

차크라 이름	신체 표면 위치	척추 차크라의 위치	자율신경총	주요 부속 신경총
뿌리(Root)	척추 밑 부분	천골 제4번	미골신경총	…
비장(Spleen)	비장 위	요추 제1번	비장신경총	…
태양신경총 (Navel)	배꼽 위	흉추 제8번	태양신경총	간문맥, 유문, 위, 장간막 등
심장(Heart)	심장 위	경추 제8번	심장신경총	폐, 관상 등
목(Throat)	목 부위	경추 제3번	인두신경총	…
제3의 눈 (Brow)	미간 부위	경추 제1번	경동맥신경총	해면신경총, 일반적 두개 신경절

(3) 크라운 차크라와 신경계

크라운 차크라(crown chakra)는 물리적 신체의 어떠한 교감신경 신경총과도 연결되어 있지 않습니다. 그러나 이 차크라는 송과선(pineal gland) 및 뇌하수체와 관련되어 있으며, 그 내용은 제4장에서 자세히 다룰 예정입니다. 또한 이 차크라는 대뇌 및 척수 신경 체계의 발달과도 연관되어 있습니다.

이와 관련하여, 애니 베전트는 『의식에 대한 연구(A Study in Consciousness)』에서 교감신경계와 중추신경계의 형성과 상호작용에 대해 다음과 같이 설명합니다.

"신경계는 어떻게 형성되며, 심령계(astral plane)로부터 오는 진동적 자극에 의해 그 형성이 어떻게 지속되는지 살펴봅시다. 우리는 먼저 아주 작은 신경 세포 무리와 이를 연결하는 미세한 돌기들이 존재하는 것을 발견합니다. 이러한 구조는, 먼저 심령체(astral body) 안에 나타난 중심(center)의 작용으로 형성됩니다. 그 중심은 외부 자극을 수용하고 반응하기 위한 심령 물질의 응집체로 이루어져 있습니다. 그 심령체의 차크라(astral centre)[27]의 진동은 에테르체(etheric body)로 전달되며, 이는 에테르상에서 소용돌이(whirlpool)를 일으켜 그 속으로 조밀한 물리적 물질(dense physical matter)을 끌어당기게 됩니다. 이 과정에서 점차 신경세포와 세포 집단이 형성됩니다.

이러한 물리적 중심들은 외부 세계로부터 진동을 수용하고, 다시 그 자극을 심령체의 차크라(astral centre)로 반사하여 되돌려 보냅니다. 그러면 심령체의 차크라의 진동이 더욱 증대되며, 이렇게 물리적 중심과 심령체의 차크라는 상호 작용과 반작용을 반복하게 됩니다. 이 과정은 양쪽 모두를 더욱 정교하고 능동적인 구조로 발전시킵니다.

동물계(animal kingdom)를 따라 위쪽으로 진화해 갈수록 우리는 물리적 신경계가 지속적으로 정교해지고 신체 내에서 점점 더 지배적인 요소로 자리 잡아 가는 것을 볼 수 있습니다. 이러한 최초로 형성된 신경계는 척추동물에 이르러 교감신경계가 되며, 심장, 폐, 소화관 등 생명 기관의

---

27) 심령체의 차크라(astral centre)는 인간의 심령체(astral body) 내부에 존재하는 에너지 소용돌이로, 감정, 욕망, 본능적 충동 등의 정서적·감각적 경험과 관련된 기능을 수행한다. 이는 차크라의 심령계적 대응체로 이해할 수 있으며, 각 육체의 차크라(etheric centre)와 연결되어 상호 작용한다. 리드비터에 따르면, 심령체의 차크라는 4차원적 소용돌이 구조를 가지며, 공간상의 확장 방향이 에테르 중심과는 다르기 때문에 항상 동일한 위치에 있는 것은 아니다. 그러나 두 중심은 에너지적으로 연동되어 작동한다. 심령체의 차크라는 특히, 각성된 감각 능력(예: 투시, 감정 지각)이나 비물질적 인식을 매개하며, 인간의 심령적 진화 수준을 보여 주는 핵심 지표로 작용한다.(편집자 주)

기능을 통제하고 활성화하는 역할을 담당하게 됩니다.

이와 함께 서서히 발달하는 것이 중추신경계입니다. 중추신경계의 하위 기능에서는 여전히 교감신경계와 밀접히 연결되어 있으면서, 점차적으로 보다 지배적인 역할을 하게 됩니다. 중추신경계는 그 고차원적 발전을 통해 결국 '깨어 있는 의식(waking-consciousness)'을 표현하는 주된 기관으로 기능하게 됩니다. 이 중추신경계는 심령계가 아니라 정신계(mental plane)로부터 기원하는 자극에 의해 형성되며, 교감신경계를 매개로 하여 간접적으로만 심령계와 연결되어 있습니다."[28]

3. 에테르 생명력(vitality)

1) 에테르 생명력의 본질

햇빛을 받을 때 느껴지는 쾌활함과 활력감, 그리고 심리적 안정감은 누구나 공감할 수 있는 경험입니다. 그러나 이러한 느낌의 근본적인 원인에 대해 정확히 인식하고 있는 사람은 오컬티즘을 공부하는 이들 뿐입니다.

태양이 우리에게 빛과 열을 흘려보내듯, 태양은 과학계가 아직 인식하지 못한 또 다른 힘을 우주 전체에 끊임없이 방출하고 있습니다. 이 에너지를 우리는 "에테르 생명력(vitality)"이라고 부릅니다. 이 에테르 생명력은 모든 차원(level)에서 방사(radiation)되며, 물질계, 심령계 정신계 등의 영역들에서 그 나름의 방식으로 드러나게 됩니다. 현재 우리

---

28)   Annie Besant, A Study in Consciousness, pp. 104-5.

가 집중하고자 하는 부분은, 이 에테르 생명력이 가장 낮은 물리적 차원에서 어떻게 작용하는가에 관한 것입니다.

이 에너지는 특정 물리적 원자들에 침투하여 그들의 활동성을 폭발적으로 증가시키고, 그들을 마치 살아 있는 듯 빛나고 활기찬 존재로 만듭니다. 이 에테르 생명력(vitality)은 겉으로 보기엔 전기(electricity)와 비슷해 보일 수 있으나, 그 작용 방식은 빛, 열, 전기 중 어느 것과도 근본적으로 다릅니다. 전기나 열, 빛은 원자 전체의 진동(oscillation)을 유발하는데, 그 진동 폭은 원자 자체에 비해 상상할 수 없을 만큼 거대합니다. 하지만 에테르 생명력(vitality)은 외부에서 작용하는 것이 아니라, 원자의 내부에서부터 일어나는 활성화 현상이라는 점에서 기존의 에너지들과는 질적으로 구분됩니다.

2) 에테르 생명 입자

(1) 궁극의 원자와 생명력의 발현

물리적 원자(atom)는 실체가 아니라, 하나의 힘(force)이 형태를 취해 나타난 결과입니다. 태양 로고스(Solar Deity)는 그 의지(will)에 따라 우리가 '궁극의 물리적 원자(ultimate physical atom)'라고 부르는 특정한 형태를 창조합니다(도해 8 참조). 이 의지에 의해 무려 1,400억 개 이상의 '코일론 안의 기포들(bubbles in Koilon)'이 하나의 구조를 이루어 그 형태로 고정됩니다. 이때 꼭 강조해야 할 점은 이 기포들이 그 형태를 유지하는 결속력(cohesion)은 오직 태양 로고스의 의지 작용 하나에만 의존하고 있다는 것입니다. 그 의지가 단 한순간이라도 철회된다면, 기포들은 즉시 분리되어 흩어지고, 전체 물질계(physical realm)는 번개가 번쩍이는 순간보다도 짧은 시간 안에 그 존재를 멈추게 될 것입니다.

　이러한 사실은, 우리가 사는 이 물질세계가 본질적으로 환영(illusion)이라는 것을 심령적 관점뿐 아니라 물리적 차원에서도 입증해 줍니다. 더구나, 그 원자를 구성하는 기포들 자체도 실상은 실체가 아니라 코일론(Koilon)이라는 우주 에테르의 '공간 속의 구멍'에 불과합니다.

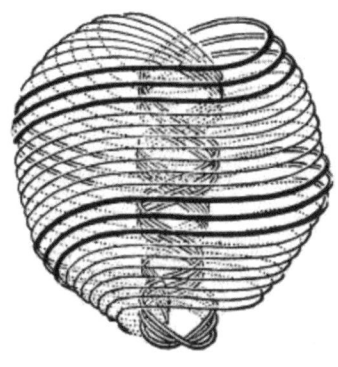

도해 8. 궁극의 물질 아누(Anu)

　태양 로고스(Solar Deity)의 지속적인 의지력(will-force)이 원자를 현재의 형태로 유지시키는 힘입니다. 이 힘의 작용을 자세히 들여다보면, 그 에너지는 외부에서 원자 내부로 들어오는 것이 아니라, 내부로부터 솟아오르는 형태로 작용한다는 사실을 확인할 수 있습니다. 이는 곧, 그 에너지가 더 높은 차원(higher dimensions)으로부터 원자 안으로 들어온다는 의미입니다.

이와 같은 특성은 우리가 '에테르 생명력(vitality)'이라 부르는 또 다른 힘의 경우에도 마찬가지입니다. 이 에너지는 빛, 열, 전기 등 외부에서 작용하는 에너지들과 달리, 원자 내부에서부터 함께 솟구쳐 올라오며 원자를 결속시키는 힘과 함께 작용합니다.

(2) 에테르 생명 입자의 구조와 특성

에테르 생명력(vitality)이 이렇게 원자 내부에서 솟아오르면, 그 원자는 추가적인 생명력을 부여받게 되며, 강한 인력(attraction)을 얻게 됩니다. 그 결과, 그 원자는 즉시 여섯 개의 다른 원자들을 끌어당겨, 이를 일정한 형태로 배열합니다. 이렇게 형성된 구조는 하위원자(sub-atomic) 또는 초근원 물질(hyper-meta-proto-element)이라고 불립니다. 이 개념은 앞서 설명한 바 있습니다.

그러나 이 입자는 지금까지 관찰된 여타의 입자들과는 중대한 차이가 있습니다. 즉, 이 구조를 형성하고 유지시키는 에너지는 태양 로고스의 제1원리(First Aspect)에서 유래된 것으로, 대부분의 다른 원소가 제3원리(Third Aspect)에서 유래된 것과는 다릅니다.

이 에테르 생명 입자(vitality globule)는 공기 중을 떠다니는 어떤 다른 입자보다도 현저하게 더 밝고 활동적이며, 극도로 생명력 넘치는 존재감을 지닙니다. 이들은 H. P. 블라바츠키가 자주 언급했던 바로 그 "생명의 불꽃(Fiery Lives)"일 가능성이 있습니다. 예를 들어 『비밀의 교리(The Secret Doctrine)』 제1권 306페이지에는 다음과 같이 쓰여 있습니다.

> "우리는 모든 생리학적 변화, 아니 생명 그 자체, 또는 생명이 신체 조직 내에서 특정 조건과 변화에 의해 작용하게 되는 모든 외적 현상들이, 보이지 않는 '창조자'들과 '파괴자'들에 의해 발생한다는 가르침을 받습니다. 이러한 존재들은 일반적으로는 다소 모호하고 광범위하게 '미생물(microbes)'이라 불립니다.

> 과학이 말하는 미생물과, 이른바 '생명의 불꽃(Fiery Lives)'이 동일한 것처럼 보일 수도 있지만, 실제로는 전혀 다릅니다. 생명의 불꽃은 물질계의 일곱 번째이자 가장 고차원적인 하위 수준에 존재하는 존재들이며, 개별 존재의 차원에서는 우주의 유일한 생명(The One Life)과 대응되는 원초적 생명력입니다. 단, 이는 물질계 내에서만 해당됩니다."

3) 에테르 입자의 작동 메커니즘

(1) 에테르 생명 입자의 활성 조건

이 에테르 생명 입자(vitality globule)를 활성화하는 힘(force)은 빛과는 분명히 다른 성질의 에너지입니다. 그럼에도 불구하고, 이 힘은 그 작용을 드러내기 위해 빛에 어느 정도 의존하고 있는 것으로 보입니다.

햇빛이 강하게 비치는 날, 이 에테르 생명력(vitality)은 끊임없이 솟구쳐 나오며, 입자들은 엄청난 속도와 수량으로 생성됩니다. 그러나 날씨가 흐리거나 구름이 낀 경우, 형성되는 입자의 수는 급격히 줄어듭니다. 그리고 우리가 지금까지 관찰한 바에 따르면, 밤이 되면 이러한 작용은 완전히 중단되는 듯합니다. 따라서 밤 시간 동안 우리는 낮 동안 생성되어 축적된 에테르 생명력(vitality)의 저장분에 의존해 살아가고 있는 셈입니다. 물론 이 저장분이 완전히 고갈될 가능성은 거의 없어 보이지만, 장기간 흐린 날씨가 계속되면 그 양이 눈에 띄게 줄어드는 현상은 분명히 존재합니다.

한번 충전된 에테르 생명 입자(vitality globule)는 하위원자(sub-atomic element)로서 존재를 유지하며, 어떤 자연적 소멸이나 에너지 손실을 겪지 않습니다. 이 입자는 어떤 생명체가 흡수할 때까지 변화 없이 그대로 유지됩니다.

(2) 태양과 에테르 생명력의 유입 조건

에테르 생명력(vitality)은 빛(light)과 열(heat)처럼 태양으로부터 끊임없이 방출되고 있습니다. 그러나 이 에너지가 지구에 완전한 형태로 도달하는 것을 방해하는 장애물들도 자주 발생합니다.

소위 '온대 지역(temperate)'이라 불리는 실제로는 한기와 우울함이 만연한 지역들에서는, 종종 무겁고 침울한 구름층이 하늘을 며칠씩이나 완전히 뒤덮는 경우가 많습니다. 이러한 기후는 빛에 영향을 주듯, 에테르 생명력(vitality)의 흐름에도 직접적인 영향을 줍니다. 이러한 날씨가 에테르 생명력의 흐름을 완전히 차단하는 것은 아니지만, 그 양은 분명히 줄어들게 됩니다. 따라서 우중충하고 어두운 날씨에는 공기 중의 에테르 생명력이 현저히 감소하며, 모든 생명체는 본능적으로 햇빛을 갈망하게 됩니다.

이처럼 에테르 생명력(vitality)으로 충전된 원자들이 공기 중에 희박하게 퍼지게 되면, 신체가 강건한 사람은 자신의 흡수 능력을 높여 더 넓은 영역의 에너지를 끌어들임으로써 정상적인 생리적 균형을 유지할 수 있습니다. 그러나 신경 에너지가 약하거나 체력이 약한 사람들은 이러한 보상 작용을 충분히 하지 못하므로, 눈에 띄는 증상 없이 점차 약해지고, 신경질적으로 변하며, 그 원인을 자각하지 못한 채 심리적·신체적 쇠약을 경험하게 됩니다.

비슷한 이유로, 겨울철에는 여름철보다 에테르 생명력(vitality)이 낮은 수준에서 유지됩니다. 설령 겨울 낮이 맑고 햇빛이 비춘다 해도, 그 길고 어두운 겨울밤 동안에는 낮 동안 대기에 축적된 제한된 에테르 생명력에 의존할 수밖에 없습니다. 반면, 여름에는 낮이 길고 햇살이 풍부하여 대기 전체가 에테르 생명력으로 충분히 충전됩니다. 따라서 짧은 여름밤 동안의 에테르 생명력의 부족은 거의 문제가 되지 않습니다.

에테르 생명력(vitality)의 작용을 연구하면서, 단순히 온도 문제와는 별개로, 햇빛(sunlight)은 완전한 건강을 얻고 유지하는 데 있어 가장 핵심적인 요인 중 하나라는 사실을 오컬티스트는 부정할 수 없습니다. 그렇기 때문에 햇빛의 부재는 어떤 다른 요소로도 완전히 보상할 수 없습니다. 이 에테르 생명력은 물질계뿐 아니라 모든 다른 차원에도 함께 방출되므로, 만약 그 밖의 조건이 만족스럽게 갖춰져 있다면, 감정(emotion), 지성(intellect), 영성(spirituality) 등 모든 면에서 쾌청한 하늘과 햇빛의 도움 아래 가장 이상적인 상태로 작용하게 됩니다.

4. 차크라를 통한 욕망-에너지체의 유입

앞서 언급한 기본 에너지(primary force), 에테르 생명력(vitality), 쿤달리니(Kundalini)는 인간의 정신 및 감정과는 직접 연결되어 있지 않고, 육체의 건강과 생명에 관여합니다. 그러나 차크라에는 심령적이고 영적인 성질을 띤 다른 에너지들도 들어옵니다. 첫 번째와 두 번째 차크라, 즉 뿌리 차크라와 비장 차크라에서는 이러한 작용이 없지만, 태양신경총 차크라와 그보다 높은 차크라들은 인간 의식에 영향을 주는 에너지의 통로 역할을 합니다.

1) 집단적 욕망(생각)-에너지체의 구조

『내면의 삶(The Inner Life)』에 수록된 「생각의 에너지체(Thought-Centres)」라는 글에서 나는 다음과 같이 설명한 바 있습니다. 생각의 집합은 매우 구체적인 실체이며, 공간상의 일정한 지점을 점유합니다. 동일한 주제, 유사한 성격의 생각들은 서로 응집되는 경향이 있습니다. 그래서 생각의 주제들마다 관련된 '생각의 에너지체(thought-centre)'는 대기 공간 중 하나의 특정 지점이 존재하게 됩니다. 그리고 그 주제와 관련된 많은 생각의 에너지체들은 이 중심으로 끌려 들어가 그 크기와 영향력을 더욱 증대시킵니다.

누구라도 이러한 집단적 생각-에너지체 중심에 자신의 생각을 보탤수 있으며, 동시에 그 중심으로부터 영향을 받기도 합니다. 이것이 사람들이 마치 양 떼처럼 무리지어 생각하게 되는 이유 중 하나입니다. 게으른 성향을 지닌 사람에게는, 하나의 주제에 대해 다양한 측면을 숙고하고 스스로 결론을 내리는 정신적 수고를 감수하기보다는, 타인이 이미 만들어 놓은 생각을 그대로 받아들이는 것이 훨씬 쉬운 일입니다.

이와 같은 원리는 정신계(mental plane)에서의 생각(thought)에도 그대로 적용됩니다. 그리고 약간의 차이는 있지만 심령계(astral plane)에서의 욕망(감정)도 마찬가지 방식으로 적용됩니다. 생각은 정신계의 미세한 매질을 통해 번개처럼 빠르게 퍼져 나가므로, 전 세계의 동일한 주제에 대한 생각은 하나의 지점에 집중되기 쉽습니다. 그리고 이 집중된 생각은 그 주제에 관심을 가진 모든 사람에게 매력적으로 작용하며 접근 가능합니다.

심령 물질(astral matter)은 물질계보다 훨씬 더 미세하지만, 정신계의 물질보다는 상대적으로 더 조밀합니다. 심령계에서 강렬한 욕망과 감정에 의해 생성되는 거대한 '욕망의 에너지체들'은, 정신계에서의 생각처럼 하나의 세계 중심으로 날아가지는 않습니다. 그러나 유사한 성질을 지닌 욕망(감정) 형체들은 서로 근처에서 결합하여, 매우 크고 강력한 집단적 '욕망(감정) 덩어리'를 형성합니다.

2) 욕망-에너지체의 유입과 의식 왜곡

이 집단적 욕망(감정)-에너지체는 어디에나 부유하고 있으며, 인간은 이러한 감정들과 쉽게 접촉하여 그 영향을 받을 수 있습니다. 이 현상이 차크라와 연결되는 이유는, 이 에너지체들이 우리에게 작용할 때는 반드시 어느 하나의 차크라를 매개로 하여 영향을 미치기 때문입니다.

내가 말하고자 하는 바를 설명하기 위해, 공포에 사로잡힌 사람의 예를 들어 보겠습니다. 『영혼의 지도, 당신의 보이지 않는 진실』을 읽은 독자들은, 그 책 그림 14에서 이러한 상태에 있는 심령체의 모습의 그림을 기억할 것입니다. 공포 상태의 심령체에서 방출되는 진동은, 주변에 존재하는 공포 감정의 에너지체들을 곧바로 끌어당깁니다. 만일 그 사람이 빠르게 자기 자신을 수습하고 공포를 극복한다면, 그 감정의 에너지체들은 불만스럽게 물러나게 됩니다. 그러나 공포가 계속되거나 증폭된다면, 그 에너지체들은 자신들이 축적해 온 에너지를 그 사람의 제3차크라인 태양신경총 차크라를 통해 방출하게 됩니다. 그 결과 그 사람은 광적인 공황 상태에 빠지게 됩니다. 그래서 자기 통제력을 완전히 상실하게 되어, 눈앞의 어떤 위험에도 맹목적으로 돌진하게 될 수 있습니다.

이와 마찬가지로, 분노에 휘말린 사람은 분노의 에너지체를 끌어들이게 되며, 그로 인해 감정을 통제할 수 없을 정도로 격해지는 급작스러운 정서의 폭발이 일어날 수 있습니다. 그 결과, 그의 분노는 광기 어린 격노로 바뀌어, 거의 자각하지 못한 채 충동적으로 살인을 저지를 수도 있는 상태에 이르게 됩니다. 또한, 깊은 우울에 빠진 사람은 끝없이 가라앉는 극심한 침체 상태로 휩쓸릴 수 있으며, 육체적 쾌락에 집착하는 사람은 한동안 욕망에 지배된 존재가 되어, 이성이 돌아온 후에도 스스로가 충격을 받을 만큼의 행위를 저지를 수도 있습니다. 이와 같은 부정적인 에너지 흐름은 모두 태양신경총 차크라를 통해 인간에게 유입됩니다.

그러나 다행스럽게도, 보다 고차원적인 가능성들도 존재합니다. 예를 들어, 사랑이나 헌신과 같은 고결한 감정의 에너지체들도 있습니다. 이러한 숭고한 감정을 느끼는 사람은 심장 차크라를 통해 고결한 감정들의 놀라운 증폭 효과를 받을 수 있습니다. 이와 같은 효과는 『영혼의 지도, 당신의 보이지 않는 진실』 그림 11과 12에서 묘사된 것처럼, 매우 아름답고 강력한 형상으로 나타납니다.

3) 욕망-에너지체의 2가지 유형

(1) 사랑과 증오의 에너지체 구조

우리는 이미 욕망이 두 가지 주요한 방식으로 표현된다는 사실을 살펴보았습니다. 하나는 끌어당기려는 욕망으로, 이는 과거에 쾌락을 주었던 대상과 다시 접촉하거나 그것을 소유하고자 하는 충동입니다. 다른 하나는 밀어내려는 욕망으로, 이는 과거에 고통을 주었던 대상과의 접촉을 피하거나 그것을 멀리하려는 충동입니다. 즉, 매혹(attraction)과 혐오(repulsion)는 자아(Self)를 흔드는 욕망의 두 가지 형태입니다.

감정(emotion)은 **'지성이 주입된 욕망'**이므로, 필연적으로 동일한 이중 구분을 따릅니다. 쾌락을 매개로 대상을 서로 끌어당기고 통합시키는 성질의 감정은 사랑(love)이라 불립니다. 반대로, 고통을 매개로 대상을 서로 갈라놓고 해체시키는 성질의 감정은 증오(hate)라 불립니다. 이 두 감정은 욕망이라는 뿌리에서 자라난 두 개의 줄기이며, 모든 감정의 분류는 결국 이 둘 중 하나로 소급될 수 있습니다. 욕망과 감정이 동일한 특성을 공유하는 것도 이 때문입니다.

사랑은 자신에게 매혹적인 대상을 끌어당기거나 그 대상에게 다가가 결합하거나, 소유하거나 혹은 소유되기를 원합니다. 사랑은 쾌락과 행복을 매개로 대상과 결합시키며, 이는 욕망이 대상과 얽어매는 방식과 같습니다. 그 유대는 훨씬 더 오래 지속되며, 훨씬 더 복잡하고 섬세한 실들이 얽혀 형성되지만, '두 대상을 결합시키려는 욕망-매혹의 본질'이 바로 감정-매혹, 곧 사랑의 본질입니다.

이와 마찬가지로, 증오는 자기에게 혐오스러운 대상을 밀어내거나 그것으로부터 도망치려 하며, 그 대상과 분리되기를, 그것을 거부하거나 거부당하기를 원합니다. 증오는 고통과 불행을 통해 분리시키며, '두 대상을 분리시키려는 욕망-혐오의 본질'이 바로 감정-혐오, 곧 증오의 본질입니다.

결론적으로, 사랑과 증오는 '소유하려는 단순한 욕망'과 '회피하려는 단순한 **욕망'에 생각(thought)이 주입되어 정교하게 발전된 형태**라 할 수 있습니다.

(2) 사랑과 증오의 세분화

이후 베전트 박사는, 이 사랑과 증오의 두 가지 주요 감정이 각각 세 가지로 세분된다고 설명합니다. 이는 감정을 지닌 사람이 자신을 강하다고 느끼는가, 혹은 약하다고 느끼는가에 따라 달라집니다. 사랑이 아래를 향하면 그것은 자애(慈愛)가 되며, 위를 향하면 그것은 경외(敬畏)가 됩니다. 이는 상급자가 하급자를 향할 때의 사랑, 또는 하급자가 상급자를 향할 때의 사랑에서 보편적으로 나타나는 공통된 특성들입니다.

남편과 아내 간의 일반적인 관계, 형제자매 사이의 관계는 동등한 자들 사이에서 나타나는 사랑의 표현을 연구할 수 있는 장을 제공합니다. 우리는 사랑이 상호적인 부드러움과 신뢰로, 배려와 존중, 상대를 기쁘게 하려는 열망으로, 상대방의 바람을 빠르게 이해하고 그것을 충족시키려는 노력으로, 관대함과 인내로 나타나는 것을 볼 수 있습니다. 상급자가 하급자에게 품는 사랑의 요소들이 이곳에도 존재하지만, 여기서는 모든 것에 상호성이 덧붙여집니다. 그러므로 동등한 이들 사이의 사랑의 공통된 특성은 상호적 도움에 대한 열망이라 말할 수 있습니다.

이로써 우리는 자애, 상호적 도움에 대한 열망, 경외심을 사랑의 감정의 세 가지 주요 분류로 가질 수 있습니다. 모든 사랑의 감정은 이 범주들 안에 분류될 수 있습니다. 인간의 모든 관계는 상급자와 하급자 사이의 관계, 동등한 이들 사이의 관계, 하급자와 상급자 사이의 관계라는 세 가지 범주 안에 요약됩니다.

이어서 베전트는 증오 감정도 같은 방식으로 설명합니다.

증오가 아래를 향하면 그것은 경멸이며, 위를 향하면 그것은 두려움이 됩니다. 마찬가지로, 동등한 이들 사이의 증오는 분노, 투쟁성, 무례함, 폭력성, 공격성, 질투, 오만 등으로 나타납니다. 이는 사람들이 손을 맞잡기보다 서로 경쟁자로 마주섰을 때, 사람과 사람 사이를 갈라놓는 모든 감정입니다. 따라서 동등한 이들 사이의 증오의 공통된 특성은 상호적 해침이라 할 수 있습니다. 그리고 증오 감정의 세 가지 주요 특성은 경멸, 상호적 해침에 대한 욕망, 두려움입니다.

(3) 욕망-에너지체의 본질적 속성

사랑은 그 모든 표현에서 공감, 자기희생, 주려는 욕구로 특징지어지며, 이러한 요소들은 자애이든, 상호적 도움의 열망이든, 경외이든 그 본질적 요소입니다. 이 모든 것은 끌어당기고 결합을 이끄는 작용을 하며, 사랑의 본질 그 자체에 속합니다. 그러므로 사랑은 영(spirit)의 속성입니다. 공감이란 타인을 자신처럼 느끼는 것이며, 자기희생은 타인의 권리를 자신의 것처럼 인정하는 것입니다. 주는 행위는 영적 삶의 조건입니다. 이렇듯 사랑은 영에 속하며, 우주의 생명적 측면에 속합니다.

반면, 증오는 그 모든 표현에서 반감, 자기 과시, 취하려는 욕구로 특징지어지며, 이러한 요소들은 경멸, 상호적 해침의 욕망, 두려움 등 어떤 형태로 나타나든 본질적인 것입니다. 이 모든 것은 분리를 직접적으로 조장하며, 대상을 서로 떼어 놓습니다. 그러므로 증오는 물질(matter)에 속하며, 다양성과 차이를 강조하고, 본질적으로는 분리이며, 우주의 형상(형체)적 측면에 속합니다.

제3장

에테르 생명력의 흡수

1. 로고스의 생명 입자

1) 프라나와 에테르 생명 입자

에테르 생명 입자(vitality globules)는 상상할 수 없을 만큼 작지만, 그 광채는 너무도 강렬하여 일반적인 의미에서 투시력이 없는 사람들에게조차 종종 보입니다. 바다 위 먼 수평선을 바라볼 때, 특히 하늘을 배경으로 극히 미세한 광점들이 믿을 수 없을 만큼 빠른 속도로 사방으로 튀듯이 움직이는 모습을 본 적이 있는 사람들이 있을 것입니다. 이 광점들이 바로 에테르 생명 입자입니다. 각 입자는 도해 6(C)에 나타난 것처럼 7개의 물리 원자로 구성되어 있으며, 인도 전통에서는 이것을 프라나(prana)라 불리는 에너지로 충전된 생명의 불꽃(Fiery Lives)이라고 합니다.

산스크리트어에서 사용되는 이러한 용어들은 인도와 서양의 접근 방식이 너무 다르기 때문에 그 의미를 정확히 규정하기가 매우 어렵습니다. 하지만 인도의 프라나(prana)를 우리의 용어인 에테르 생명력

(vitality)에 해당하는 것으로 간주해도 무방할 것입니다.

이 에테르 생명 입자(vitality globules)가 대기 중에서 빠르게 튀듯 움직일 때는, 비록 밝게 빛나지만 거의 무색에 가까우며, 흰색 혹은 약간 금빛을 띠는 빛으로 빛납니다. 그러나 이 입자가 비장 차크라의 힘의 소용돌이에 끌려들게 되면, 즉시 분해되어 여러 색의 에너지 흐름으로 나뉘게 됩니다. 다만 이 색상 분해는 우리가 아는 태양광 스펙트럼의 분류와는 일치하지 않습니다.

2) 생명 입자의 흡수와 분화

입자를 구성하는 원자들은 소용돌이 속에서 회전하면서 분리되는데, 비장 차크라의 여섯 개 방사축(spokes) 각각이 이들 중 하나를 잡아당깁니다. 예를 들어, 노란빛으로 충전된 원자들은 하나의 방사축을 따라 흐르고, 초록빛으로 충전된 원자들은 또 다른 방사축을 따라 흐릅니다. 이런 식으로 각기 다른 빛을 띤 원자들이 분화되어 흐릅니다. 일곱 번째 원자는 중심을 관통하여, 마치 바퀴의 축을 지나듯 아래로 빠져나갑니다. 이렇게 나뉜 빛의 흐름은 이후 서로 다른 방향으로 퍼져 나가며, 신체 내 에테르 생명력을 활성화하는 고유한 작용을 수행합니다. 이에 대한 흐름은 그림 8에 시각적으로 정리되어 있습니다.

앞서 언급했듯이, 이 에테르 생명력의 색상의 분화는 우리가 일반적으로 태양광에서 관찰하는 스펙트럼 색상들과 정확히 일치하지 않습니다. 오히려 그 색 배열은 원인체(causal body), 정신체(mental body), 심령체(astral body)에서 드러나는 상위 차원의 색상 구성과 더욱 유사합니다.

우리가 흔히 '남색(청보라빛)'이라고 부르는 색상 범주는, 이 맥락에서는 보랏빛과 푸른빛으로 구분되어 세 가지가 아닌 두 가지 색상으로 간주됩니다. 반면, 흔히 하나의 범주로 여겨지는 '붉은빛' 계열은, 장밋빛 붉은빛과 어두운 붉은빛으로 다시 나뉘어 보다 세분화됩니다.

그 결과, 최종적으로 여섯 가지의 방사되는 빛의 색상은 보랏빛, 푸른빛, 초록빛, 노란빛, 주황빛, 어두운 붉은빛이 됩니다. 이 중 장밋빛 붉은 에테르 생명 입자(vitality globules), 즉 에테르 생명력(vitality)이 가장 먼저 발현된 형태의 입자는, 소용돌이 중심을 관통해 아래 방향으로 빠져나갑니다.

2. 에테르 생명 광선의 5가지 흐름

이처럼 에테르 생명력(vitality)은 본질적으로 일곱 가지로 구성된 칠중 구조를 갖고 있으나, 비장 차크라를 통과한 이후에는 다섯 가지 주요 흐름으로 나뉘어 전신을 순환하게 됩니다. 그 이유는, 보랏빛과 푸른빛이 하나의 빛줄기로 합쳐지고, 주황빛과 어두운 붉은빛 역시 또 하나의 흐름으로 결합되기 때문입니다(그림 8 참조).

1) 보라-파랑 광선

보라-파랑빛의 광선은 위쪽으로 번쩍이며 목 방향으로 뻗어 올라갑니다. 이 빛줄기는 목에 이르러 두 갈래로 갈라지며, 밝은 푸른빛은 목 차크라를 따라 흐르면서 그 활동을 자극하고 활성화합니다. 반면 짙은 푸른빛과 보랏빛은 그대로 뇌로 향하게 됩니다. 짙은 푸른빛은 뇌의 하부와 중심부에서 작용한 뒤 소멸되며, 보랏빛은 뇌의 상부 전체를 가득 채우며, 머리 꼭대기에 위치한 힘의 중심에 특별한 활력을 불어넣습니다. 이 보랏빛 광선은 특히 해당 중심의 외곽에 해당하는 960개의 꽃잎을 따라 널리 퍼지며 확산됩니다.

2) 노란 광선

노란빛 광선은 심장으로 향해 그곳에서 역할을 수행한 뒤, 일부는 다시 뇌로 흘러들어 그곳을 관통하며, 특히 최상부의 힘의 중심에 있는 12개의 꽃잎 구조를 향해 작용합니다.

3) 초록 광선

초록빛 광선은 복부 전체를 가득 채우며, 특히 태양신경총(solar plexus)에 중심을 두고 활동합니다. 이 광선은 간, 신장, 장, 그리고 전반적인 소화 기관을 활기차게 자극하는 것이 분명하게 나타납니다.

4) 장밋빛 광선

장밋빛 광선(rose-coloured ray)은 신경을 따라 전신으로 퍼지며, 명백하게 신경계의 생명이라 할 수 있습니다. 이 광선은 기능적으로 조율된 프라나로, 한 사람이 그것이 부족한 다른 사람에게 손쉽게 전달해 줄 수 있는 형태입니다.

신경이 이 장밋빛 광선으로 충분히 채워져 있지 않으면, 신경은 민감하고 극도로 예민해져, 환자는 한 자세로 오래 있기도 어렵고, 다른 자세로 바꾸어도 거의 안정을 얻지 못합니다. 아주 작은 소리나 접촉도 고통이 되며, 그는 극심한 고통 속에 놓이게 됩니다. 이러한 상태에서 건강한 사람이 조율된 프라나를 그의 신경 속에 흘려보낼 경우, 즉각적인 안도감이 생기고, 치유와 평온함의 감각이 그에게 스며듭니다.

건강한 사람은 보통 자신의 몸에 필요한 것 이상으로 프라나를 흡수하고 조율하기 때문에, 장밋빛 에테르 생명 입자(vitality globules)를 자신도 모르게 계속해서 방사하게 됩니다. 이로써 그는 자신은 아무런 손해도 입지 않은 채, 주변의 허약한 이들에게 활력을 흘려보냅니다. 또한 그 사람은 자신의 의지력을 통해 이 여분의 에너지를 집중시키고, 도움을 주고자 하는 사람에게 의도적으로 전달할 수도 있습니다.

육체는 고유한 맹목적·본능적 의식을 지니고 있으며, 이를 우리는 물질 정령(physical elemental)이라 부릅니다. 이는 심령체의 욕망-정령

(desire-elemental)에 상응하는 존재로, 물질계에서는 이 정령이 육체를 위험으로부터 보호하고, 생존에 필요한 것을 확보하려는 역할을 수행합니다. 이러한 작용은 개체적 자아의 의식과는 완전히 별개이며, 자아가 수면 중 육체를 떠나 있을 때에도 동일하게 작동합니다.

우리의 모든 본능적 반응은 이 물질 정령의 작용에 의한 것이며, 교감 신경계의 무의식적 기능 역시 이 정령을 통해 끊임없이 수행됩니다. 우리가 깨어 있는 동안, 이 물질 정령은 끊임없이 자기 방어에 몰두하며, 신경과 근육을 항상 긴장 상태로 유지시킵니다. 그러나 밤이나 수면 중에는 신경과 근육을 이완시키고, 에테르 생명력(vitality)을 흡수하며 육체를 회복하는 데 전념합니다.

이 작업은 밤의 초반부에 가장 효과적으로 이루어집니다. 이때는 태양으로부터 전달된 에테르 생명력(vitality)이 풍부하기 때문입니다. 반대로 새벽 무렵이 되면, 대기 중에 남아 있던 에테르 생명력이 거의 고갈되어, 이 시기에 육체는 맥이 풀리고 무기력한 상태를 경험하게 됩니다. 병자들이 이 시간대에 자주 사망하는 것도 이러한 이유에 기인합니다. 이와 같은 맥락은 "자정 이전의 한 시간 수면은 자정 이후의 두 시간보다 낫다."라는 오래된 속담에도 반영되어 있습니다. 바로 이 물질 정령의 작용 덕분에, 아주 짧은 선잠조차 강력한 회복 효과를 발휘할 수 있는 것입니다.

이 에테르 생명력(vitality)은 에테르체(etheric double)의 양식이며, 물질 육체가 음식물을 필요로 하듯 에테르체도 반드시 이 에테르 생명력을 공급받아야 합니다. 그런데 비장 차크라가 질병, 극심한 피로, 혹은 노화 등의 이유로 에테르 생명력을 충분히 흡수하거나 처리하지 못할 경우, 물질 정령은 다른 사람의 몸에서 이미 정제된 에테르 생명력을 끌어다 쓰려는 경향을 보입니다. 이로 인해 우리는 때때로 에테르 생명력이 고갈된 사람과 잠시 함께 있기만 해도 극심한 피로감이나 탈진을 느끼게 됩니다. 이는 그 사람이 우리가 사용하기도 전에 장밋빛 에테르 생명 입자를 마치 빨아들이듯 흡수했기 때문입니다.

식물계(vegetable kingdom) 또한 이 에테르 생명력(vitality)을 흡수하지만, 대부분의 경우 이 에너지를 극히 일부만 활용하는 것으로 보입니다. 특히 많은 수목은 인간 에테르체(etheric body) 활동의 구성 요소 중, 주로 신경계를 따라 흐르며 건강 아우라를 형성하는 장밋빛 에너지와 거의 정확히 동일한 성질의 에너지를 받아들입니다. 그 결과, 나무가 필요로 하는 만큼 사용하고 난 뒤 방출하는 원자들(atoms)은 정확히 인간 물질 육체의 세포에 필요한 장밋빛 에너지로 채워진 것들입니다. 이는 특히 소나무와 유칼립투스 같은 수목의 경우에 해당합니다. 이들 가까이에 머무는 것만으로도, 일반적으로 '신경 쇠약' 상태에 있는 이들에게 회복과 활력을 불어넣을 수 있습니다. 이러한 사람들은 실제로 '신경이 약한 것'이 아니라, 그들의 물질 육체 세포가 필요한 에테르 생명력을 충분히 공급받지 못해 에너지적 결핍 상태에 놓여 있는 것입니다. 그들이 겪는 예민함과 불안정함은, 단순히 결핍된 에테르 생명력을 세포에 공급함으로써 안정화될 수 있습니다. 그리고 그 해결 방법 중 가장 직접적이고 효과적인 방식은, 외부로부터 이 특정한 형태의 에테르 생명력을 직접 보충해 주는 것입니다.

표 3. 프라나-차크라-원리 색상표

프라나 색상	유입되는 차크라	대표되는 원리
연한 파랑빛	목 차크라	아트마(오라의 외피)
노란빛	심장 차크라	붓디(Buddhi)
짙은 파랑빛	제3의 눈 차크라	상위 마나스(상위 정신체)
초록빛	태양신경총 차크라	카마 마나스(하위 정신체)
장밋빛	비장 차크라	카마 루파(심령체)
보라빛	크라운 차크라	에테르체
주황-빨강(보라와 함께)	뿌리(이후 정수리로)	

5) 주황-적색 광선

주황-붉은빛 광선은 척추의 기저부로 흘러 들어가며, 거기에서 생식 기관으로 전달됩니다. 이 광선은 그 기능의 일부가 이 기관들과 밀접하게 연결되어 있습니다. 또한 이 광선은 단순히 주황빛과 어두운 붉은빛만 포함하는 것이 아니라, 어두운 자줏빛까지도 일정 부분 포함하는 것으로 보입니다. 이는 마치 색채 스펙트럼이 원형으로 휘어져 낮은 옥타브에서 다시 빛이 시작되는 구조를 떠올리게 합니다.

일반적인 사람에게 있어서, 이 광선은 육체적 욕망을 자극하며, 동시에 혈류 속으로 스며들어 체온을 유지하는 데에도 기여합니다. 그러나 만약 어떤 사람이 자신의 욕망적 본성(lower nature)에 굴복하지 않으려는 의지를 지속적으로 견지하고 노력한다면, 이 에너지는 장기간의 단호한 수행을 통해 위쪽, 곧 뇌 방향으로 전환될 수 있습니다.

이렇게 상향 전환이 이루어지면, 이 광선을 구성하는 세 가지 색상의 요소는 뇌에서 다음과 같은 놀라운 변형을 겪게 됩니다.

- 주황빛은 순수한 노란빛으로 승화되어 지적 능력이 뚜렷하게 강화됩니다.
- 어두운 붉은빛은 진홍빛으로 변화되어, 이타적 애정의 성질이 크게 증진됩니다.
- 어두운 자줏빛은 우아한 연보랏빛으로 전환되어, 인간 내면의 영적 측면을 각성시킵니다.

이러한 전환(transmutation)을 이룬 사람은 더 이상 감각적 욕망(sensual desires)으로 인해 괴로워하지 않게 됩니다. 또한 훗날 쿤달리니(serpent-fire)의 상위 에너지 층을 깨워야 할 때, 그는 그 수행 과정에서 따르는 가장 심각한 위험들로부터 벗어나게 됩니다. 이 변화가 완전히 이루어진 후에는, 이 주황-붉은빛 광선이 척추 기저부의 중심으로 곧장 유입되고, 그곳으로부터 척추 속의 중공을 따라 위쪽으로 상승하여 결국 뇌에 이르게 됩니다.

이러한 프라나(prana) 흐름의 색상과 관련하여, 『비밀의 교리(The Secret Doctrine)』 제5권(애디야르판) 454쪽에서, 블라바츠키는 인간의 원리들에 각각 색상을 할당한 도표를 제시합니다. 본문에서 설명한 프라나의 흐름이 각 차크라에 도달할 때의 색상들과 그녀가 제시한 인간 원리의 색상들 사이에는 일정한 상응 관계가 존재하는 것으로 보입니다(표 3 참조).

표 4. 프라나 생명 광선과 차크라

프라나 생명력	주요 기능	광선 색상	차크라
프라나: 심장, 폐	숨 에너지	노란빛	심장 차크라
아파나: 항문, 생식기	배출에너지	주황-빨강빛	뿌리 차크라
사마나: 배꼽	소화 에너지	초록빛	태양신경총
우다나: 목	발성, 표현 에너지	보라-파랑빛	목 차크라
비야나: 전신	에너지 순환	장밋빛	비장 차크라

3. 에테르 생명력과 건강

1) 프라나와의 대응 구조

이러한 프라나는 힌두 서적들에서 다섯 가지 주요 바유(Vayus), 즉 프라나(pranas)의 5가지 생명의 기류로 자주 언급됩니다. 『게란다 상히타(Gheranda Samhita)』에서는 이 다섯 가지 에테르 생명력의 흐름을 간략히 다음과 같이 설명합니다.

- 프라나(Prana)는 항상 심장에서 작용하며,
- 아파나(Apana)는 항문 주변의 영역에 존재하고,
- 사마나(Samana)는 배꼽 부위를 중심으로 움직이며,
- 우다나(Udana)는 목 부위에 머무르고,
- 비야나(Vyana)는 전신 전체에 퍼져 작용합니다.[29]

---

29) The Dhyana-bindu Upanishad, vv. 61-2. Sacred Books of the Hindus Series. Trans. Sris Chandra Vidyarnava.

많은 다른 경전들도 이와 동일한 위치 설명을 제공하지만, 각각의 기능에 대해서는 깊이 다루지 않는 경우가 많습니다. 그러나 일부 문헌에서는 이에 대해 조금 더 상세한 설명을 덧붙이고 있습니다. 예를 들면 다음과 같습니다.

비야나(Vyana)의 에테르 생명력(vitality)은 전신의 모든 신경을 따라 생명의 정수(精髓)를 운반합니다. 음식은 입에 들어가자마자 이 에테르 생명력의 흐름(prana vayu)에 의해 고형물과 액체로 분해됩니다. 이후 이 기류는 항문 부근으로 내려가 고형물과 액체를 분리합니다. 물은 불 위에, 고형물은 물 위에 놓이며, 프라나는 불 아래에 머물러 그것을 천천히 점화합니다. 불이 기(氣)의 작용으로 점화되면, 정수와 찌꺼기가 분리됩니다. 비야나(Vyana)는 이 정수를 온몸으로 운반하고, 찌꺼기는 열두 개의 출구를 통해 몸 밖으로 배출됩니다.[30]

이와 같이 설명된 프라나의 다섯 가지 에테르 생명력의 흐름(prana vayu)은, 본서에서 관찰한 에테르 생명력(vitality)의 다섯 가지 주요 흐름과 비교해 볼 때 상당히 유사한 구조를 지니고 있습니다. 이에 대한 대응 관계는 표 4에 정리되어 있습니다.

---

30) Garuda Purana, XV, 10-3. Sacred Books of the Hindus Series. Trans. Wood.

2) 생명력의 흐름과 신체건강

이러한 다양한 흐름을 따라 순환하는 에테르 생명력(vitality)은, 그것이 관여하는 신체 각 부위의 건강 상태를 조절하는 역할을 합니다. 예를 들어, 소화력이 약한 사람은 에테르적 시야를 지닌 이에게는 그 상태가 즉시 드러납니다. 왜냐하면 이 경우, 초록빛 에테르 생명력의 흐름이 느려졌거나, 그 양이 정상보다 부족하기 때문입니다.

반면, 노란빛 흐름이 강하고 풍부하게 작용하고 있다면, 이는 단지 심장이 건강하다는 표시일 뿐 아니라, 실제로 그런 건강한 기능을 만들어 내는 원인이 됩니다. 이 노란빛 에테르 생명력(vitality)은 심장 차크라를 중심으로 흐르며, 그곳을 지나는 혈액 속으로 스며들어 전신으로 퍼져 나갑니다. 그런데도 이 에너지는 뇌까지 도달할 만큼 충분히 남습니다. 심오한 철학적 사유나 형이상학적 생각의 능력은 이 노란빛 흐름의 양과 활동성, 그리고 머리 꼭대기 중심에 있는 12개 꽃잎 형태[31]의 각성 정도에 크게 의존하는 것으로 보입니다.

고차원적인 영적 생각과 감정은 대체로 보랏빛 광선에 의존하며, 일반적인 생각의 능력은 파란빛과 약간의 노란빛이 혼합된 흐름으로 자극받습니다. 특정한 유형의 정신지체에서는, 뇌로 향하는 에테르 생명력(vitality)의 흐름 특히 노란빛과 청보라빛 흐름이 거의 완전히 차단된

---

31) **12개 꽃잎 형태:** 크라운 차크라의 중심부에 있는 작은 소용돌이 또는 하위 차크라를 시각적으로 묘사한 것.(편집자 주)

상태가 관찰됩니다.

목 차크라에 분배된 맑은 파란빛 흐름이 비정상적으로 강하거나 양이 많을 경우, 이는 해당 부위의 기관이 건강하고 강건하다는 것을 의미합니다. 예를 들어, 성대(vocal cords)에 탄력과 힘을 부여하여, 연설가나 성악가 등에게서 그 효과가 뚜렷이 나타납니다. 반대로, 신체 어느 부위에서든 약화나 질병이 있을 경우, 항상 그 부위로 향하는 에테르 생명력(vitality)의 흐름이 부족한 것이 함께 동반됩니다.

4. 소진된 생명 입자

1) 생명 입자의 소진과 재활용

각기 다른 색의 에테르 생명 입자(vitality globules)는 각각 고유한 기능을 수행하며, 이 과정에서 그 내부에 담긴 에테르 생명력(vitality)은 점차 소진됩니다. 이는 마치 전기 에너지가 점점 약해지는 현상과 유사합니다. 예를 들어, 장밋빛 광선을 띤 입자들은 신경을 따라 이동하면서 점차 색을 잃고, 마지막에는 피부의 땀구멍을 통해 몸 밖으로 방출됩니다. 이 과정에서 형성되는 것이 바로 『보이는 인간과 보이지 않는 인간』에서 말한 '건강 오라(health-aura)'입니다. 이러한 입자들은 체외로 나갈 즈음에는 대부분 장밋빛을 잃기 때문에, 전체적으로 발산되는 빛은 푸르스름한 흰색(청백색)으로 보입니다. 혈류에 흡수된 노란 광선의 일부도 순환 중 색을 잃는 동일한 과정을 겪습니다.

에테르 생명력을 방출하고 난 이 입자들은 ① 신체 내에서 새로운 화학적 결합의 일부로 통합되거나, ② 땀구멍을 통해 외부로 배출되거나, ③ 또는 다른 일반적인 배설 경로를 통해 몸 밖으로 나갑니다. 예컨대, 소화 작용과 밀접하게 연관된 초록색 광선의 방출 입자들은 신체의 일반적인 노폐물 일부로 작용하여 함께 배출됩니다. 일반적인 사람의 경우, 주황-적색 광선의 입자들 역시 이와 동일한 운명을 따릅니다. 목 차크라와 관련된 파란색 광선의 입자들은 주로 숨을 내쉴 때 함께 배출됩니다. 반면, 짙은 파랑과 보라색 광선의 입자들은 대개 크라운 차크라를 통해 빠져나갑니다.

수련을 통해 주황-적색 광선의 흐름을 척추를 따라 위로 상승시킬 수 있게 된 수행자는, 이 광선과 함께 청보라색 광선의 입자들까지 머리 위에서 방출하게 됩니다. 이때 머리 위로 불꽃처럼 타오르는 흐름이 솟아오르는데, 이는 도해 2에서 보이는 것처럼, 부처님이나 위대한 성인의 머리 위에 묘사되는 불꽃 형상과 유사합니다. 이러한 입자들은 단순히 폐기되는 것이 아니라, 고도로 진화한 존재들이 크라운 차크라를 통해 방사하는 장엄하고 자비로운 에너지의 물질적 매개체로 다시 활용됩니다.

에테르 생명력(vital force)이 사용되고 나면, 입자들은 다시 일반적인 원자들과 같은 상태가 됩니다. 하지만 이들은 생명력 운반체로 사용된 경험을 통해 약간이나마 진화한 상태입니다. 육체는 필요한 입자들을 흡수하여 다양한 신체 구성 과정에 사용합니다. 반면 필요 없는 입자들은 적절한 배출 경로를 통해 몸 밖으로 내보냅니다. 여기서 중요한 구분이 필요합니다. 차크라(centre)로 에테르 생명력(vitality)이 유입되거나 그 흐름이 강해지는 현상을, 인간 진화의 후반 단계에서 쿤달리니(serpent-fire)의 상위 에너지 층 각성으로 인해 일어나는 차크라의 완전히 다른 종류의 발달과 혼동해서는 안 됩니다. 이 두 현상은 완전히 다릅니다. 이에 대해서는 다음 장에서 더 자세히 다룰 예정입니다.

2) 정결한 삶의 중요성

모든 인간은 에테르 생명력(vitality)을 끌어들여 자기 나름의 방식으로 이를 변형·특화합니다. 하지만 많은 사람들은 삶이 불순하고, 건강하지 않으며, 이성적인 통제가 부족하기 때문에 이러한 생명 에너지를 제대로 활용하지 못합니다. 육식을 즐기거나 술과 담배를 자주 하는 사람은 육체가 조밀해져서, 맑고 깨끗한 삶을 사는 사람처럼 에너지를 온전히 활용하기 어렵습니다.

물론 정결하지 않은 삶을 사는 사람이 외형상 더 건강하고 튼튼해 보일 수도 있습니다. 그러나 이는 전적으로 그 사람의 카르마에 따라 결정되는 일시적인 차이일 뿐입니다. 동일한 조건이 주어진다면, 정결한 삶을 실천하는 이가 훨씬 더 큰 이점을 갖게 됩니다. 이 에테르 생명력(vitality)은 다양한 색을 띠며, 모두 에테르적 성질을 가지고 있습니다. 이 색상들은 심령체 내에서 유사한 색상의 상징성과 일정 부분 대응 관계를 가집니다. 이는 올바른 생각과 감정이 육체에 긍정적인 영향을 주어, 에테르 생명력의 흡수 능력을 높인다는 점을 보여 줍니다.

전해지는 말에 따르면, 부처님께서는 "열반(Nirvana)에 이르는 첫걸음은 완전한 육체적 건강이다."라고 하셨다고 합니다. 그리고 분명히, 그 건강에 이르는 길은 그분이 제시한 팔정도(八正道, Noble Eightfold Path)를 따르는 것입니다.

> "너희는 먼저 하나님의 나라와 그 의를 구하라. 그리하면 이 모든 것을 너희에게 더하시리라."
>
> (마태복음 6:33)

그렇습니다. 육체적 건강조차도 그에 포함됩니다.

5. 에테르 생명력과 자기력(최면) 치료

1) 에테르 생명력과 자기력(신경 유체)의 구분

신경계를 따라 흐르는 에테르 생명력(vitality)은 보통 말하는 '자기력[32]'과는 구별되어야 합니다. 후자의 경우, 이는 척수 내에서 생성되는 특수한 신경 유체(nerve-fluid)를 의미하며, 이는 기본 생명력(primary

---

32) **자기력**(magnetism): 이 책에서의 '자기력'은 단순한 물리적 자성 현상이 아니라, 에테르 생명력(vitality)과 의지의 작용이 결합된 에테르적 에너지 흐름을 의미한다. 이는 주로 신경계를 따라 흐르는 신경 유체(nerve-fluid)의 형태로 나타나며, 최면 치료 시 시술자의 심신 상태까지 함께 전달되는 에너지 매개체로 작용한다.(편집자 주)

life-force)과 쿤달리니(serpent-fire)가 결합함으로써 형성됩니다. 이 유체는 신경 경로를 따라 에테르 물질의 흐름을 유지시키며, 그 순환 방식은 혈액이 동맥과 정맥을 통해 몸을 도는 방식과 유사합니다. 혈액이 산소를 운반하듯, 이 에테르 유체 또한 생명력을 실은 흐름을 따라 전신의 신경을 통해 퍼져 나갑니다.

이러한 특성은 타인을 치유하는 시술 과정에서도 그대로 적용됩니다. 누군가가 타인의 회복을 돕기 위해 자기력(magnetism)을 활용할 경우, 그는 자신의 에테르 생명력뿐 아니라, 자신을 둘러싼 전체적인 방사물까지 함께 전달하게 됩니다. 문제는 이 과정이 매우 직접적이기 때문에, 시술자에게 육체적인 질환이 있을 경우, 이 에테르 유체를 통해 그 병의 에너지적 성질이 피시술자에게 옮겨질 가능성이 있다는 점입니다.

그러나 보다 근본적인 위험은, 시술자의 육체가 아무리 건강하더라도 인간에게는 정신적 혹은 도덕적 차원의 질병이 존재한다는 점입니다. 왜냐하면 시술자가 전달하는 이 에테르 유체는 단지 물질적 에너지에 국한되지 않고, 심령 물질(astral matter)과 정신 물질(mental matter)까지도 함께 전달하는 매개가 되기 때문입니다. 그 결과, 시술자의 인격적 성향이나 정서적 상태, 심지어는 내면의 부정적인 기질까지도 피시술자에게 영향을 미칠 수 있습니다. 이는 무의식적인 에너지의 전이일지라도, 상대방의 에테르체 및 심령체에 지속적인 흔적을 남길 수 있습니다.

그럼에도 불구하고, 마음이 순수하고, 동료 인간을 진심으로 돕고자 하는 의지를 지닌 사람이라면, 에테르 생명력(vitality)의 작용을 배우고 이해하려는 노력만으로도 커다란 의미를 가집니다. 이러한 사람이 차크라를 통해 신체로 유입되어 신경계를 따라 흐르는 에테르 생명력의 흐름에 대해 제대로 인식하게 되면, 그는 최면(mesmerism)이라는 방법을 통해 타인의 고통을 덜어 주는 데 실질적인 기여를 할 수 있습니다. 이 경우, 고도로 정교한 기술이나 복잡한 수련보다도, 오히려 바른 의도와 정화된 삶이 훨씬 더 중요한 전제 조건이 됩니다. 맑은 마음과 올곧은 생활은 그것만으로도 강력한 치유의 토대가 되며, 시술자가 전달하는 모든 에너지 흐름을 밝고 조화로운 성질로 변화시켜 줍니다.

2) 자기력(최면) 치료의 원리와 적용

그렇다면, 최면가가 피시술자에게 무엇을 주입하는 것일까요?

그것은 신경 에테르(nerve-ether)일 수도 있고, 에테르 생명력(vitality)일 수도 있으며, 혹은 그 둘 모두일 수도 있습니다. 예를 들어, 어떤 환자가 심하게 쇠약해져 자신 안의 생명 유체를 스스로 특화하지 못하는 상태라면, 최면가는 자신의 생명 유체 일부를 환자의 떨고 있는 신경계에 불어넣음으로써, 빠르게 생기를 회복시킬 수 있습니다. 이 과정은 마치 위장이 제 기능을 하지 못할 때, 외부에서 소화 효소로 부분적으로 분해된 음식을 공급받는 경우와 유사합니다. 소화 기관이 약한 사람에게는 이러한 형태의 음식이 더욱 쉽게 흡수되며, 그 결과 힘이 회복됩니다.

이와 같은 원리는 에테르적 작용에서도 그대로 적용됩니다. 자신의 에테르 기관이 생명력을 스스로 정제하거나 특화하지 못하는 사람은, 이미 타인에 의해 준비된 생명력을 받아들임으로써 일정 수준의 활력을 되찾을 수 있습니다. 많은 쇠약 상태의 경우, 이러한 일시적인 에테르 생명력(vitality) 보충만으로도 충분한 회복 효과를 기대할 수 있습니다.

또 다른 사례로는, 어떤 형태의 정체(congestion)가 발생하여 생명의 유체가 제대로 순환되지 못하고, 신경 오라(nerve-aura)가 정체되어 불건전한 상태가 되는 경우가 있습니다. 이럴 때는 외부로부터 건강한 신경 에테르를 공급해 이를 대체하는 것이 당연한 치료 방법입니다. 그 실행 방식은 다양합니다.

일부 자기력 치료사[33]들은 단순한 물리적 힘(brute force)만을 사용하여, 자신의 에테르를 강하게 밀어 넣어 병든 물질을 몰아내려는 방식을 취합니다. 이런 방식으로도 일정 수준의 효과는 거둘 수 있지만, 불필요하게 많은 에너지를 소모하는 경향이 있습니다. 보다 과학적인 접근은, 보다 조용하고 정밀하게 접근하여, 먼저 정체되어 있거나 병든 에테르 물질을 제거한 뒤, 그 자리에 건강한 신경 에테르를 채워 넣

---

33) **자기력 치료사**(magnetizer): 19세기 말~20세기 초 유럽과 미국에서 널리 사용된 용어로, 자기력(magnetism)을 이용한 치유 또는 심리적 영향을 주는 사람을 지칭한다. 오늘날의 시각에서 보면, 이들은 '**최면 치료사**(hypnotherapist)' 혹은 '**에너지 치유사**'에 가까우며, 특히 프란츠 안톤 메스머(Franz Anton Mesmer)의 동물 자기력(animal magnetism) 이론에서 유래된 전통과 관련이 깊다.(편집자 주)

는 방식입니다. 이렇게 하면 정체된 흐름이 점차 활성화되도록 유도할 수 있습니다. 예를 들어, 환자가 두통을 앓고 있다면, 그의 뇌 일부에는 거의 확실하게 유해한 에테르 정체(울혈) 현상이 존재합니다. 이럴 경우 첫 번째 조치는 바로 그 에테르를 제거하는 것입니다.

3) 자기력(최면) 치료 시 의지의 역할과 주의점

그렇다면, 이 작용은 어떻게 수행되는 것입니까?

힘을 내뿜는 것과 같은 방식, 즉 의지의 행사를 통해 가능합니다. 우리는 이러한 미세 물질(subtle matter)의 세부 구성은 인간의 의지에 의해 매우 쉽게 형성되고 영향을 받는다는 사실을 잊어서는 안 됩니다. 최면가(mesmerist)는 손짓(패스, passes)을 사용할 수 있지만, 그것은 겨우 총구를 특정 방향으로 겨누는 정도의 의미일 뿐입니다. 실제로 총알을 움직이고 결과를 만들어 내는 것은 의지(will)이며, 자기 유체(magnetic fluid)는 그에 따라 발사되는 탄환과 같습니다.

자기력(magnetism)에 정통한 최면 치료사는 원한다면 손짓 없이도 작업을 수행할 수 있습니다. 실제로 나는 손을 사용하지 않고 단지 피시술자를 응시함으로써 치료를 수행하는 사람을 본 적도 있습니다. 손의 역할은 유체를 집중시키고, 아울러 시술자의 상상력(imagination)을 보조하는 것에 불과합니다. 강한 의지를 작용시키기 위해서는, 최면 치료사 자신이 그 효과를 확신하고 있어야 하며, 손의 동작은 자신이 무엇을 하고 있는지를 더욱 실감 나게 해 주는 매개체가 됩니다.

사람이 의지의 힘으로 자기력(magnetism)을 방출할 수 있듯이, 의지를 통해 그것을 끌어낼 수도 있습니다. 이때도 손짓은 도움이 될 수 있습니다. 예를 들어 두통을 치료할 경우, 최면 치료사는 환자의 이마에 손을 얹고, 그 손이 스펀지처럼 뇌에서 유해한 자기력을 꾸준히 빨아들이고 있다고 상상합니다. 치료사는 곧 자신이 실제로 생각한 대로의 결과를 일으키고 있다는 것을 알게 될 것입니다. 왜냐하면 자신이 흡수한 유해 자기력을 적절히 방출하지 않는다면, 곧 자신도 두통을 느끼거나, 시술에 사용한 팔과 손에 통증을 느끼게 될 가능성이 매우 크기 때문입니다. 이것은 단지 상상이 아니라, 치료사가 실제로 병든 물질(diseased matter)을 자신의 몸 안으로 끌어들이고 있다는 뜻입니다. 따라서 그것이 신체 안에 고착되기 전에 반드시 처리해야 하며, 그것은 치료사의 건강과 안위를 위해 필수적인 과정입니다. 이때 가장 간단한 방법은 그 병든 물질을 손에서 흔들어 떨쳐 내는 것입니다. 물방울을 털어 내듯 손을 흔들면 충분합니다.

비록 그것이 눈에 보이지 않더라도, 시술자가 흡수한 물질은 물리적 실체를 가진 입자이기 때문에 물리적 수단으로 처리할 수 있습니다. 그렇기에 반드시 이러한 처리를 소홀히 하지 말고, 특히 두통이나 유사한 질환을 치료한 후에는 손을 정결히 씻는 것을 잊지 않아야 합니다. 병의 원인을 제거한 뒤에는, 그 자리를 대체하고 환자를 보호하기 위해, 건강하고 강한 자기력(magnetism)을 다시 주입해야 합니다. 이는 병이 재발하지 않도록 방지하는 작용도 합니다.

신경계 질환의 경우, 이 방법은 매우 다양한 이점을 제공합니다. 대부분의 신경계 질환은, 신경을 따라 흐르는 유체(fluids)의 불균형에서 비롯됩니다. 그 흐름이 막혀 있거나, 지나치게 느리거나 빠르거나, 양이 부족하거나, 혹은 질적으로 좋지 않은 경우가 있습니다. 약물을 사용할 경우, 우리는 물리적인 신경에만 작용할 수 있습니다. 그리고 그를 통해 제한적으로만 그 주변의 유체에 영향을 미칠 수 있을 뿐입니다. 반면 최면(mesmerism)은 이러한 유체 자체에 직접 작용하므로, 문제의 근원을 곧바로 다룰 수 있습니다.

제4장 초감각 지각을 여는 차크라

1. 심령체의 차크라 각성

1) 차크라의 다차원 구조

차크라(etheric centre)는 육체를 살아 있게 유지하는 기능 외에도, 완전히 각성되었을 때 비로소 작동하는 또 하나의 기능을 가지고 있습니다. 각 차크라(etheric centre)[34]는 심령계(astral plane)에 존재하는 대응 중심과 연결되어 있습니다. 그러나 심령체의 차크라는 4차원적인 소용돌이이므로, 3차원인 에테르체의 차크라와는 확장되는 방향이 다릅니다. 따라서 심령체의 차크라가 육체의 차크라와 항상 정확히 일치한다고 보기는 어렵습니다. 다만 일부는 반드시 일치하게 되어 있습니다. 차크라(etheric centre)는 항상 에테르체의 표면에 위치하지만, 심령체의 차크라(astral centre)는 종종 그 안쪽 깊숙한 곳에 존재합니다.

---

34) 리드비터는 이 책에서 chakra라는 용어를 직접적으로 사용하면서, 그 실질적 위치와 기능은 에테르체의 표면에 존재하는 에너지 소용돌이임을 명확히 밝힌다. 이때 사용하는 용어가 바로 etheric centre(에테르 중심)이다. 이는 차크라의 에테르적 표현을 강조하기 위한 것이며, 대응되는 astral centre(심령체의 차크라)와 구별하기 위함이다. 즉, 차크라는 다차원적 구조를 가지며, 에테르 중심은 그것의 물리적·생명 에너지적 역할을 담당하는 하위 표현이다.(편집자 주)

각 차크라(etheric centre)가 완전히 활성화되었을 때의 주요 기능은, 이에 대응되는 심령체의 차크라(astral centre)에 고유하게 내재된 성질을 육체 의식으로 끌어내리는 것입니다. 그러므로 차크라(etheric centre)의 활성화를 통해 얻어지는 결과를 나열하기에 앞서, 먼저 심령체의 차크라(astral centre)가 어떤 역할을 수행하는지 살펴보는 것이 좋겠습니다. 왜냐하면 이러한 심령체의 차크라(astral centre)들은 의식이 진보된 미래 인류의 사람들은 일정 수준 이상 활성화되기 때문입니다. 그렇다면, 각 심령체의 차크라(astral centre)가 활성화되었을 때 심령체에 어떤 영향을 미치는지를 알아보겠습니다.

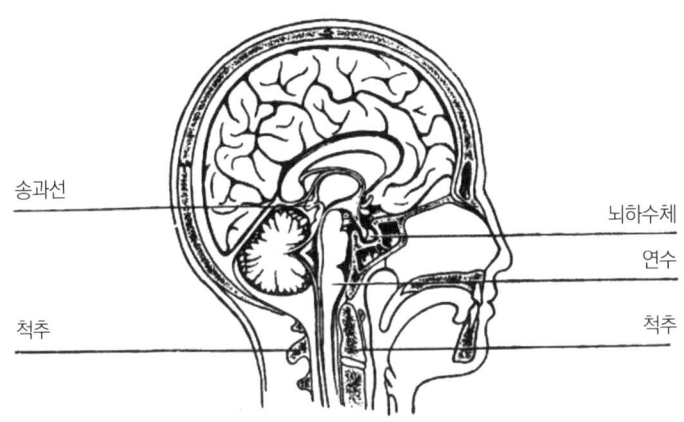

도해 9. 에테르체와 연결된 뇌의 중심 기관들

2) 최초 각성과 생명력의 주입

앞서 설명한 바와 같이, 첫 번째 심령체의 차크라(astral centre)는 쿤달리니(serpent-fire)의 근원지입니다. 이 쿤달리니는 모든 차원에 존재하며, 그 에너지의 작용을 통해 나머지 중심들이 순차적으로 깨어나게 됩니다.

본래 심령체는 거의 움직임이 없고, 의식은 매우 희미하며, 어떠한 능력도 제대로 발휘되지 않는 상태였습니다. 또한, 심령체는 자신을 둘러싼 세계에 대한 인식도 거의 하지 못했습니다. 이처럼 제 기능을 하지 못하는 심령체에서 가장 먼저 일어난 변화는 심령 차원에서의 쿤달리니 각성이었습니다. 쿤달리니가 각성하자, 두 번째 중심, 즉 육체의 비장에 해당하는 곳으로 이동하여 심령체 전체에 생명력을 불어넣었습니다. 그 결과, 아직은 인식이 흐릿하지만, 의식을 가진 상태로 심령계에서 이동하는 능력이 생겨났습니다

이후 쿤달리니 에너지는 태양신경총(배꼽에 해당하는 위치)으로 옮겨져 심령체의 차크라를 활성화시켰으며, 이로 인해 심령체에는 감각 능력이 깨어났습니다. 즉, 다양한 외부 자극에 민감하게 반응하는 정서적 민감성이 생긴 것입니다. 다만 이 시점에서는, 우리가 아는 '보고 듣는' 것처럼 구체적인 인식 능력은 아직 발달하지 않았습니다.

심령체의 네 번째 중심이 쿤달리니의 작용으로 깨어나면서, 다른 심

령 존재들의 감정을 직관적으로 이해하고 공감할 수 있는 능력이 나타났습니다. 그 사람은 이제, 타 존재의 진동을 감지하고 그 정서적 의미를 어느 정도 파악할 수 있게 되었습니다.

다섯 번째 중심(목 부위)은 쿤달리니가 그 영역에 도달했을 때 활성화되었고, 그 결과 그 사람은 심령 청각, 즉 심령계의 소리를 인식할 수 있는 능력을 갖추게 되었습니다. 이는 심령계에서의 진동이 물질계에서의 청각처럼 의식에 전달되는 능력입니다.

심령체의 여섯 번째 중심(미간 부위)이 쿤달리니의 자극으로 활성화되었을 때, 그는 심령 시각을 얻었습니다. 이제 그 사람은 단순히 존재의 기운을 느끼는 것을 넘어, 심령 존재들의 형태와 본질을 명확하게 볼 수 있는 능력을 갖게 된 것입니다.

마지막으로 일곱 번째 중심, 즉 크라운 차크라에 쿤달리니가 도달하여 활성화되면, 확장된 의식을 얻게 되며, 심령계에서 요구되는 모든 감각 능력을 완전하고 조화롭게 갖추게 되었습니다. 심령체의 크라운 차크라에 대해서는, 사람의 기질적 유형에 따라 작용 방식에 약간의 차이가 존재하는 것으로 보입니다. 많은 사람들의 경우, 여섯 번째와 일곱 번째 심령체의 차크라(astral centre)는 모두 뇌하수체(pituitary body)를 중심으로 모입니다. 이 유형의 사람들에게는, 뇌하수체가 사실상 물질계와 상위 차원 사이를 연결하는 유일한 직접적 매개체로 작용합니다.

그러나 또 다른 유형의 사람들에게는 조금 다른 양상이 나타납니다. 이들은 여섯 번째 중심은 여전히 뇌하수체에 연결하지만, 일곱 번째 중심은 살짝 휘거나 비스듬히 기울어져 송과선(pineal gland)에 이르게 됩니다. 이 경우, 송과선은 활성화되어 직접 하위 정신계(lower mental plane)와 연결되는 통로가 되며, 일반적인 경로인 심령계를 거치지 않고 바로 연결되는 특징을 가집니다.

블라바츠키 여사가 송과선의 각성에 특별한 중요성을 두고 강조한 것은, 바로 이 두 번째 유형의 사람들을 염두에 둔 것이었습니다. 또한 애니 베전트도 『의식의 연구(A Study in Consciousness)』에서 다음과 같이 말하며 이 사실을 언급하고 있습니다. 사람마다 영적 발달이 시작되는 지점이 서로 다르다는 것입니다.

> "차크라가 활성화되는 과정은 어떠한 몸체(vehicles)에서든 시작될 수 있으며 각 사람의 고유한 기질적 특성을 나타내는 특정 몸체에서 시작됩니다. 사람마다 고유한 기질적 특성이 있으며, 이러한 특성에 따라 의식을 표현하는 방식, 즉 몸체를 만드는 중심이 달라집니다. 이 중심은 물질체, 심령체, 하위 정신체 또는 상위 정신체 중 하나가 될 수 있습니다. 심지어 더 높은 원리에서 시작될 수도 있는데, 이 경우에는 각자의 기질을 형성하는 근본 원리가 중심이 됩니다. 이 중심에서부터 위나 아래로 작용하여 각자의 특성에 맞는 몸체를 만들어 갑니다."[35]

35) Annie Besant, A Study in Consciousness, p. 252.

3) 심령 감각의 이해

이러한 심령체의 차크라(astral centres)는 **심령체**(astral body)에서 일정 부분 감각 기관의 역할을 수행합니다. 그러나 이 표현은 정확한 자격 요건 없이 사용된다면 오해를 불러일으킬 수 있는 표현입니다. 왜냐 하면 우리는 의사소통을 위해 흔히 '심령적 시각(astral seeing)'이나 '심령적 청각(astral hearing)'이라는 말을 쓰지만, 실제로는 그러한 표현이 의미하는 바는 단순히 심령체 상태에서 작동하는 의식이 특정한 진동에 반응하여 정보를 인식하는 능력일 뿐이기 때문입니다. 이 정보는 물질계에서 눈과 귀를 통해 인식되는 정보와 성격이 유사한 것입니다. 그러나 심령계의 조건은 물질계와 전혀 다르기 때문에, 그러한 반응을 얻기 위해 굳이 특수한 감각 기관이 필요하지 않습니다. 심령체의 모든 부분에는 이러한 진동에 반응할 수 있는 물질이 존재하며, 그 결과로 심령체가 활성화된 사람은 뒤쪽, 위쪽, 아래쪽의 대상도 머리를 돌리지 않고 동일하게 볼 수 있습니다.

따라서 이 심령체의 차크라(astral centre)들을 일반적인 의미의 '감각 기관'이라고 말할 수는 없습니다. 왜냐하면 물질계에서처럼 이 중심들을 통해 직접 '본다'거나 '듣는다'는 것이 아니기 때문입니다. 그럼에도 불구하고, 이러한 심령 감각을 작동시키는 힘은 결국 심령체의 차크라들의 활성화에 달려 있습니다. 각 심령체의 차크라들이 활성화됨에 따라 심령체 전체는 특정한 새로운 진동 범위에 반응할 수 있는 능력을 얻게 됩니다.

심령체의 모든 입자들은 마치 끓는 물 속의 입자들처럼 끊임없이 소용돌이치고 흘러 다니며, 그 모든 입자들이 차례로 각 심령체의 차크라(astral centre)를 통과합니다. 그 결과, 각 중심은 전체 입자에 특정한 진동을 수용할 수 있는 감응력을 부여하고, 그렇게 하여 심령 감각은 심령체의 모든 부위에서 동일하게 활성화됩니다. 그러나 중요한 점은, 설령 이러한 심령 감각이 완전히 깨어났다 하더라도, 그것이 물질 육체의 의식으로까지 전해지리라는 보장은 없다는 것입니다. 다시 말해, 사람이 심령체 안에서 무언가를 보고 듣더라도, 그 인식이 물질계의 뇌로 전달되어 자각될 수 있으리라는 보장은 없는 것입니다.

2. 차크라 각성과 심령 능력의 의식화

1) 차크라 각성을 위한 수행법

앞서 언급한 심령적 각성 과정이 진행되는 동안, 육체 의식을 가진 인간은 이러한 변화를 전혀 알아차리지 못합니다. 물질 육체도 심령 감각의 활성화와 새로운 인식 능력이라는 혜택을 누리려면, 육체의 차크라(etheric centre)에서도 동일한 각성 과정이 반복되어야 합니다. 이 에테르 차크라의 각성은 수행자가 따르는 요가학파에 따라 다양한 방식으로 이루어질 수 있으며, 인도에서는 일곱 가지 주요 요가 수행 체계가 정립되어 있습니다.

- 라자 요가(Rāja Yoga)
- 카르마 요가(Karma Yoga)
- 즈냐나 요가(Jñāna Yoga)
- 하타 요가(Haṭha Yoga)

- 라야 요가(Laya Yoga)
- 박티 요가(Bhakti Yoga)
- 만트라 요가(Mantra Yoga)

이들 각각은 차크라의 존재와 중요성을 인정하며, 저마다 고유한 방식으로 차크라를 개발하는 방법을 가르칩니다. 라자 요가의 방식은, 각 차크라에 대해 차례로 명상하며 순수한 의지의 힘만으로 활성화하는 것입니다. 이 방식은 많은 장점을 지닌 접근법이라 할 수 있습니다. 그리고 차크라에 가장 큰 비중을 두는 전통은 라야 요가입니다. 이 수행법은 쿤달리니의 고차원적 잠재력을 일깨워, 쿤달리니가 차크라들을 하나씩 순차적으로 통과시켜 올라가는 방식을 사용합니다.

2) 차크라 각성의 현상

(1) 뿌리 차크라의 각성

이 **쿤달리니의 각성은 무엇보다도 지속적이고 강력한 의지력이 필요합니다. 왜냐하면, 첫 번째 차크라**를 완전히 활성화하는 것 자체가 곧 쿤달리니의 내면 층을 깨우는 일이기 때문입니다. 일단 이 쿤달리니가 각성되면, 그 강력한 에너지 자체가 나머지 모든 차크라를 차례로 활력 있게 만들어 줍니다. 그리고 이 에너지가 에테르 차크라들을 통과하며 작용할 때, 심령 차크라의 개발을 통해 얻어진 능력들이 마침내 육체 의식으로 끌어내려지게 됩니다.

(2) 비장 차크라의 각성

두 번째 차크라인 비장 부위에 위치한 차크라가 깨어나면, 사람은 종종 심령체로 경험했던 흐릿한 여행의 기억을 육체 의식 속에서 떠올릴 수 있게 됩니다. 다만 이 기억은 대개 부분적으로만 재현되며, 때로는 단지 공중을 나는 듯한 황홀한 느낌이 어렴풋이 떠오르는 수준에 그치기도 합니다. 이러한 반응은 이 차크라가 우연히 가볍게 자극되었을 때 자주 일어납니다.

(3) 태양신경총 차크라의 각성

세 번째 차크라인 태양신경총 차크라가 활성화되면, 물질 육체 안에서도 각종 심령적 영향력을 느끼기 시작합니다. 이때 사람은 어떤 에너지는 친밀하게, 또 어떤 에너지는 불쾌하게 느껴지며, 어떤 장소는 편안하고, 어떤 장소는 꺼려지는 느낌을 갖게 됩니다. 하지만, 정작 그 이유는 논리적으로 설명하지 못합니다.

(4) 심장 차크라의 각성

네 번째, 심장 부위의 차크라가 자극되면, 그 사람은 타인의 기쁨과 슬픔을 본능적으로 감지하게 되며, 때로는 공감에 의해 상대의 육체적 고통까지도 자신의 몸에 재현되는 경우가 있습니다.

(5) 목 차크라의 각성

다섯 번째, 목 부위의 차크라가 각성되면, 보이지 않는 목소리를 듣는 현상이 나타납니다. 이 목소리들은 다양한 제안을 하거나 말들을 속삭이기도 하며, 때로는 음악이나, 불쾌한 소리들이 들리는 일도 있습니다. 이 차크라가 완전히 작동하게 되면, 그는 에테르계와 심령계 수준에서의 청각 투시 능력을 갖추게 됩니다.

(6) 제3의 눈 차크라의 각성

여섯 번째, 미간 부위의 제3의 눈 차크라가 활력 있게 작동하기 시작하면, 그는 사물이나 장소, 사람들에 대한 비전(vision)을 보기 시작합니다. 처음 단계에서는 주로 풍경이 어렴풋이 보이거나 색채가 흐릿하게 느껴지는 정도에 불과하지만, 이 차크라가 완전히 각성되면 본격적인 투시력이 나타납니다. 이 제3의 눈 차크라는 시각과 관련된 또 다른 기능도 가지고 있습니다. 즉, 물질계의 극미세한 대상들을 확대해서 보는 능력이 이 차크라를 통해 발현됩니다. 이 과정에서는, 에테르 물질로 된 유연한 가느다란 관이 차크라에서 돌출되는데, 이는 마치 끝에 눈이 달린 미세한 뱀처럼 보입니다. 이것이 바로 미세 투시력에서 사용되는 특수 기관이며, 그 끝에 있는 '눈'은 확대율에 따라 수축하거나 확장할 수 있습니다. 이 조절 기능을 통해 관찰 대상의 크기에 맞게 시야가 조절됩니다. 고대 문헌에서 언급되는 "자신의 크기를 마음대로 작게도, 크게도 만들 수 있는 능력"이란 바로 이 투시 기능을 의미합니다. 원자를 관찰하려면, 그에 맞는 크기의 시각 기관을 발현시키는 것입니다. 이마에서 돌출된 이 뱀 모양의 상징은, 이집트 파라오의 머리 장식에 묘사되어 있습니다. 파라오는 나라의 최고 사제로서 이와 같은 비전적 능력들을 보유한 존재로 여겨졌으며, 머리 장식의 상징은 그의 주술적 권능과 투시력을 표현하는 것이었습니다.

(7) 크라운 차크라의 각성

일곱 번째, 크라운 차크라가 완전히 활성화되면, 인간은 그 중심을 통해 자신의 몸을 완전한 의식 상태로 벗어날 수 있게 됩니다. 그리고 의식의 단절 없이 그대로 육체로 돌아올 수 있게 됩니다. 그 결과, 의식은 밤과 낮, 수면과 각성의 경계를 넘어서 계속적으로 이어지게 됩니다.

일정한 순서(사람의 기질적 유형에 따라 다릅니다)로 쿤달리니의 불꽃이 모든 차크라를 통과하면, 의식은 심령계에서의 경험이 끝나고 천상계(heaven-world)에 진입하는 순간에도 의식의 단절 없이 이어집니다. 이때는 수면 중의 일시적인 육체 이탈이든, 죽음으로 인한 영구적 분리든, 어떠한 경우도 의식 흐름에는 아무런 단절이 생기지 않습니다.

3) 불완전한 각성과 투시

그러나 쿤달리니를 완전히 깨우지 않더라도, 강력한 진동이 어느 차크라를 일시적으로 활성화시키면 사람이 순간적으로 심령계를 엿볼 수 있습니다. 또한, 쿤달리니가 부분적으로 각성될 경우, 일시적으로 불규칙한 투시 현상이 나타날 수도 있습니다. 이는 쿤달리니가 일곱 겹의 층, 즉 일곱 단계의 힘으로 존재하기 때문입니다.

많은 사람들이 쿤달리니를 깨우기 위해 의지를 집중하지만, 대부분은 그중 한 층에만 겨우 영향을 줄 뿐입니다. 따라서 성공했다고 생각하더라도 실제로는 효과가 미미하여 여러 번 다시 시도해야 하는 경우가 많습니다. 이러한 경우, 쿤달리니의 표면뿐 아니라 심층부까지 완전히 활성화시켜야만 비로소 지속적이고 안정된 각성과 능력을 얻을 수 있습니다.

3. 쿤달리니 각성의 그림자

1) 조기 각성의 위험

(1) 치명적인 결과들

『침묵의 음성(The Voice of the Silence)』에서 언급된 것처럼, 이 불꽃같은 에너지는 실제로 액체 불과도 같은 성질을 지니며, 의지에 의해 각성되었을 때는 몸 전체를 휘몰아치며 흐르게 됩니다. 그것이 통과해야 할 경로는 뱀의 몸처럼 나선형이며, 쿤달리니라는 이름은 바로 이 모양에서 유래합니다. 이 에너지가 깨어난 상태에서는, 앞서 말한 의미를 넘어 또 다른 의미에서 '세계의 어머니(World's Mother)'라 불릴 수 있습니다. 왜냐하면, 이 에너지를 통해 인간의 여러 몸체(vehicles)가 생기를 얻고, 이를 통해 상위 차원(세계)들이 차례차례 우리 앞에 열리게 되기 때문입니다. 그러나 일반적인 사람의 경우, 이 에너지는 척추 기저부에 잠든 채로 평생 동안 전혀 인식되지 않은 상태로 머물러 있습니다. 사실상 이는 바람직한 일입니다. 이 쿤달리니 에너지는 그 사람이 확고한 도덕적 성숙을 이루고, 의지가 충분히 강해져 이를 통제할 수 있으며, 생각이 정화되어 그 각성을 감당할 준비가 되었을 때까지는 그대로 잠재된 상태로 남아 있는 편이 훨씬 낫습니다.

이 에너지를 다루고자 하는 사람은, 이 주제를 완전히 이해하고 숙달한 스승으로부터 직접적인 지도를 받지 않고서는 결코 실험해서는 안 됩니다. 왜냐하면 이와 관련된 위험들은 단순한 비유가 아니라 실로 심각하고도 실제적인 것이기 때문입니다. 그중 일부는 물리적인 위험입니다. 에너지가 통제되지 않은 채 움직일 경우, 강렬한 육체적 고통을 유발할 수 있으며, 조직을 손상시키거나 심지어 생명을 위협할 수도 있습니다. 그러나 그나마 이는 가장 가벼운 해악에 불과합니다. 왜냐하면 이 에너지는 물질 육체보다 더 높은 차원의 몸체들에도 치명적인 손상을 입힐 수 있기 때문입니다.

쿤달리니가 시기상조로 각성되었을 때 가장 흔한 결과 중 하나는, 그것이 위쪽으로 상승하지 않고 오히려 아래로 떨어진다는 점입니다. 이 경우, 강렬하고 바람직하지 않은 욕망들이 자극되고, 그 작용은 인간이 감당할 수 없을 만큼 증폭됩니다. 이때 사람은 마치 상어에게 쫓기는 먹잇감처럼, 압도적인 힘 앞에서 무력해지며, 그것을 통제할 수 없게 됩니다. 이렇게 되면 그는 곧 사티로스(satyr, 음욕의 괴물)와 같은 타락한 존재로 변모하며, 일반 인간의 저항 능력을 훨씬 능가하는 거대한 힘에 사로잡히게 되는 것입니다. 이들은 특정한 초감각적 능력을 얻게 될 수도 있으나, 그것은 인간이 원래 교류해서는 안 되는 저차원의 진화 영역과 연결되는 힘입니다. 일단 그 속박에 빠지게 되면, 그 상태에서 벗어나는 데에는 한 생애가 아닌 여러 생애가 필요할 수도 있습니다.

나는 지금 이 경고를 결코 과장해서 말하고 있는 것이 아닙니다. 단지 풍문으로만 들은 사람이 무심코 할 수 있는 말처럼 그렇게 말하는 것이 아닙니다. 나는 직접 그런 운명에 빠진 사람들로부터 상담을 받아 본 적이 있으며, 그들에게 실제로 어떤 일이 일어났는지를 내 눈으로 보았습니다. 이 에너지를 그런 방식으로 사용하는 데 의도적으로 초점을 맞춘 흑마법의 한 분파가 실제로 존재합니다. 그들은 이 힘을 통해, '선의 법(Good Law)'을 따르는 자들이 결코 사용하지 않는 특정한 하위 중심을 자극하고 활성화시킵니다.

일부 저자들은 이러한 중심의 존재 자체를 부정하지만, 남인도의 브라만들은 나에게 일부 요기들이 실제로 제자들에게 이 중심을 사용하는 방법을 가르친다고 말해 주었습니다. 물론, 그 가르침이 반드시 악의를 동반한다고는 할 수 없지만, 그 위험성은 너무나 크기 때문에 더 안전한 방식으로 동일한 목적을 달성할 수 있음에도 굳이 위험을 감수할 이유는 없습니다. 게다가, 이 쿤달리니의 가장 큰 위험을 차치하더라도, 그 상위 측면이 시기상조로 전개되는 것만으로도 많은 불쾌하고 위험한 가능성들이 따릅니다.

이 에너지는 사람의 본성 전체를 증폭시키며, 특히 긍정적인 특성보다는 낮고 부정적인 성향에 더 빠르게 작용합니다. 예를 들어, 정신체에서의 야망은 매우 쉽게 자극되며, 곧 믿을 수 없을 정도로 과도한 수준으로 팽창합니다. 이는 지적 능력의 강화와 함께 나타날 수 있지만, 동시에 극단적이고 악마적인 교만 또한 초래하게 됩니다. 이 교만은 일반적인 인간 의식으로는 상상조차 어려운 수준입니다. 어떤 사람이라도, 자신 안에서 발생할 수 있는 모든 힘을 감당할 수 있다고 생각하는 것은 매우 어리석은 일입니다. 쿤달리니는 보통의 에너지가 아니며, 결코 저항할 수 없는 힘입니다. 스승(Master)의 관리가 없는 상태에서 이 에너지를 각성하려는 시도는 절대 해서는 안 됩니다. 만약 우연히 이 에너지가 깨어났다고 느껴진다면, 즉시 이 분야를 온전히 이해하고 있는 전문가나 스승에게 상담을 구해야 합니다.

(2) 절대 금지의 이유

그렇기에 나는 이 쿤달리니를 어떻게 각성시키는지에 대해서는 일체 설명하지 않겠습니다. 또한 이 힘이 각성되었을 때 어떤 순서로 각 차크라를 통과해야 하는지도 언급하지 않겠습니다. 왜냐하면 이러한 시도는 반드시 스승(Master)의 명확한 지시에 따라 이루어져야 하며, 그 실험의 모든 단계 동안 스승이 제자를 보호하고 지도하게 될 것이기 때문입니다. 나는 모든 수련자들에게 이 강력한 힘을 각성하려는 어떤 시도도 절대로 하지 말 것을 가장 엄숙하게 경고하고자 합니다. 그 이유로 나는 이 문제에 대해 무지하고 경솔하게 개입하여 끔찍한 결과를 겪은 수많은 사례를 직접 보아 왔기 때문입니다. 이 힘은 자연의 위대한 근원적 사실 중 하나로서, 실재하는 강력한 에너지이며, 결코 장난처럼 다룰 수 있는 것이 아닙니다. 가볍게 실험해 볼 수 있는 성질의 것도 아니며, 이를 이해하지 못한 채 다룰 경우, 그것은 어린아이가 폭탄을 가지고 노는 것보다 훨씬 더 위험한 일이 될 수 있습니다. 『하타요가 프라디피카(Hathayoga Pradipika)』에서도 이를 매우 적절하게 다음과 같이 말하고 있습니다.

"이 힘은 요기에게는 해방을 주고, 어리석은 자에게는 속박을 준다."

(3장 107절)

이와 같은 문제에 있어, 많은 수행자들은 흔히 **이런 착각에 빠지곤 합니다.** 즉, 자신은 자연법칙의 예외에 해당되는 특별한 존재일 것이라 믿고, 무언가 신의 특별한 개입이 있어 자신만은 위험을 피할 수 있을 것이라 기대하는 것입니다. **그러나 그런 일은 절대 일어나지 않습니다.** 무모하게 폭발을 자초하는 사람은, 그 폭발의 첫 번째 희생자가 되기 십상입니다. 만일 수행자들이, 오컬티즘에 관한 모든 가르침은 말 그대로 정확하게 적용되는 것이며, 어떤 예외도 없다는 사실을 제대로 이해할 수만 있다면, 많은 고통과 좌절을 미리 방지할 수 있을 것입니다. **우주의 위대한 법칙들 앞에서는 그 누구에게도 특혜란 존재하지 않습니다.**

이러한 경고에도 불구하고, 많은 이들이 검증되지 않은 방법을 통해 쿤달리니 각성 실험을 시도하려 합니다. 그들은 당장이라도 최고 수준의 가르침을 이해하고 영적 성장을 이룰 수 있다고 믿지만, 정작 자신의 인격을 수양하거나 헌신하는 데는 소홀합니다. 그러고는 진정한 준비가 되었음을 한 스승이 직접 선언해 줄 그날까지, 겸허히 기다리는 것도 마다합니다. 앞의 장에서도 다른 문맥에서 이미 언급한 바와 같이, 이 성경의 격언은 여전히 참된 진리로 남아 있습니다.

"너희는 먼저 하나님의 나라와 그 의를 구하라, 그리하면 이 모든 것을 너희에게 더하시리라."

(마태복음 6:33)

(3) 자발적 각성과 대처방안

간혹 매우 드물게, 쿤달리니의 내면층이 자발적으로 각성되어 둔한 불빛 같은 열기가 느껴지는 경우가 있습니다. 어떤 경우에는 에너지가 스스로 움직이기 시작하기도 하지만, 이는 극히 드문 일입니다. 이러한 자발적 각성이 일어날 경우, 이는 심한 통증을 유발할 수 있습니다. 왜냐하면 에너지가 통과해야 할 통로들이 준비되지 않은 상태이므로, 그것은 스스로 길을 만들기 위해 에테르체에 쌓인 찌꺼기(etheric dross)를 불태우며 나아가야 하기 때문입니다. 이 정화 과정은 고통을 수반할 수밖에 없습니다.

이 에너지가 자발적으로 혹은 우연히 깨어나는 경우, 대개는 이미 가장 약하고 부드럽게 작용하고 있는 척추 내부의 통로를 따라 올라가려 합니다. 가능하다면, 의지를 사용하여 그 상승을 멈추게 해야 하지만, 대부분은 그것이 불가능합니다. 그러나 그렇다고 해서 지나치게 두려워할 필요는 없습니다. 이 에너지는 아마 머리를 통해 외부로 튀어 나가 주변의 대기 중으로 흩어지게 될 것이며, 이로 인한 결과는 단지 가벼운 탈진이나 일시적인 의식 상실 정도에 그칠 가능성이 높습니다. 진정으로 무서운 위험은 상승이 아니라, 이 에너지가 아래쪽으로, 안쪽으로 향할 경우에 발생합니다.

오컬트적 발전에서 이 에너지의 핵심 기능은, 앞에서 설명한 바와 같이 에테르체에 있는 각 힘의 중심들을 통과하여 이 차크라들을 활성화하는 것입니다. 이로써 심령체와 물질체 사이의 연결 통로로서의 기능을 온전히 수행하도록 돕는 것입니다.

2) 쿤달리니와 수행자의 길

『침묵의 음성(The Voice of the Silence)』에서는, 이 쿤달리니가 미간 중심(제6차크라)에 도달하여 그것을 완전히 활성화했을 때, 스승의 음성을 듣는 능력이 생긴다고 말합니다. 여기서의 '스승'은 물리적 인물이 아니라, 상위 자아(higher self), 즉 내면 자아(Ego)의 음성을 의미합니다. 이러한 설명의 근거는, 뇌하수체가 완전히 작동하게 되었을 때, 그것이 심령체와의 완벽한 연결 고리를 형성하여, 내면의 모든 메시지가 이 경로를 통해 물질 의식에 전달될 수 있기 때문입니다.

이 연결은 미간 중심 하나에 국한되지 않으며, 상위 차원에 해당하는 모든 차크라들이 차례로 깨어나야 합니다. 각 차크라는 심령계의 다양한 하위 수준에서 오는 모든 종류의 영향력에 반응할 수 있는 능력을 갖추어야 합니다. 이러한 발전은 결국 모든 이에게 언젠가 이루어질 것이지만, 이번 생이 처음으로 이러한 문제를 진지하게 다루기 시작한 사람이라면, 대부분은 이 목표를 현생에서 달성하기 어렵습니다.

일부 인도인들은 유전적으로 더 적응력 있는 육체를 지니고 있어, 이 여정을 앞당길 수 있지만, 대다수 인류에게는 이는 다음 진화 주기(Round)에 맡겨진 일입니다. 이 쿤달리니의 정복은 매 생마다 반복되어야 합니다. 왜냐하면, 환생할 때마다 새로운 몸체(vehicles)를 입기 때문입니다. 그러나 한번 철저히 이 과정을 완수하면, 그 이후의 반복은 비교적 쉬운 일이 됩니다.

이 에너지가 작용하는 방식은 사람의 유형에 따라 다양하게 나타납니다. 예를 들어 어떤 사람은 윤회하는 상위 자아(Ego)의 '음성'을 듣는 것보다 '형상'을 보는 방식으로 상위 자아를 인식할 수도 있습니다. 나아가 상위 차원과의 이러한 연결에는 여러 단계가 존재합니다. 이는 개체적 자아(personality)에게는, 상위 자아(Ego)의 영향력을 의미합니다. 상위 자아(Ego)에게는 모나드[36]의 힘을 의미하고, 모나드에게는 로고스

---

36) **모나드(Monad):** 신지학에서 모나드는 인간 존재의 가장 근원적인 영적 자아로, 신성과 직접 연결된 참된 자아를 뜻한다. 물질적 자아나 상위 자아보다 더 높은 차원에 존재하며, 우주의 중심에서 발현된 신적 의식의 핵으로 간주된다.

(Logos)의 의식을 구현하는 통로가 되는 것입니다.

3) 리드비터의 경험과 조언

이 문제에 관하여 나 자신의 체험을 간단히 언급하는 것이 도움이 될 수 있을 것이라 생각합니다. 지금으로부터 42년 전, 내가 인도에 거주하던 초기 시절에는, 쿤달리니의 각성을 위한 어떤 노력도 하지 않았습니다. 그 힘에 대해 크게 알지도 못했고, 또 그것을 다루기 위해서는 태어날 때부터 특별한 심령체(psychic body)를 갖추고 있어야 한다고 생각했기 때문입니다. 그리고 나는 그러한 육체를 가지고 있지 않다고 판단했었습니다. 그러던 어느 날, 한 분의 스승(Master)께서 특정한 종류의 명상법을 제안해 주셨고, 그것이 이 에너지를 일깨우는 데 도움이 될 것이라 말씀하셨습니다. 나는 당연히 그 제안을 즉시 실천에 옮겼고, 시간이 흐른 끝에 성공적으로 에너지를 각성시킬 수 있었습니다.

이 부분에서 나는 확신합니다. 스승께서 이 수행 과정을 면밀히 지켜보셨고, 위험한 상황이 생겼다면 반드시 중단시키셨을 것입니다. 들리는 말에 따르면, 인도에는 제자들에게 이 방법을 가르치는 수도자들도 있다고 합니다. 물론 이들은 수행 과정 전반에 걸쳐 매우 엄격한 감독을 병행한다고 합니다. 하지만 나는 그런 인물을 개인적으로 알지 못합니다. 그리고 신뢰할 만한 존재로부터 특별히 추천받지 않는 이상, 이 방법을 가르치는 수도자들을 나는 전적으로 믿기는 어렵습니다.

사람들은 종종 나에게, 이 에너지의 각성에 대해 어떤 조언을 해 주겠느냐고 묻습니다. 나는 그들에게 내가 실제로 했던 방식 그대로 하라고 권합니다. 즉, 나는 각성을 원하는 분들에게 신지학(Theosophy)의 활동에 온전히 헌신하라고 말합니다. 그리고 스승이 분명히 지시하고 보호를 약속하는 그날까지 기다리라고 합니다. 그동안에는 자신이 알고 있는 일상적인 명상 수행을 꾸준히 이어 가면 됩니다. 그러한 발전이 이번 생에서 오든 다음 생에서 오든 전혀 개의치 않아야 하며, 그것을 개체적 자아(personality)의 관점이 아니라 상위 자아(Ego)의 관점에서 바라보아야 합니다.

스승들은 항상 도움을 줄 수 있는 이들을 찾고 있으며, 그 누구도 결코 그들의 시야에서 벗어나는 일은 없습니다. 스승들은 때가 왔다고 판단되면 반드시 지시를 내릴 것이며, 결코 당신을 지나치지 않을 것입니다. 나는 지금까지 이러한 발전에 연령 제한이 있다는 말을 들어본 적이 없습니다. 그리고 개인적으로도, 완전한 건강 상태만 유지된다면 나이는 큰 문제가 되지 않는다고 생각합니다. 그러나 건강은 절대적인 조건입니다. 왜냐하면 이 에너지가 주는 긴장은, 실제로 직접 시도해 보지 않은 사람은 상상조차 할 수 없을 만큼 강력한 것이기 때문입니다. 강건한 육체만이 그 부담을 감당할 수 있습니다.

이 힘이 각성된 후에는, 매우 엄격한 통제하에 있어야 하며, 사람의 기질적 유형에 따라, 각 차크라를 통과하는 순서도 달라집니다. 또한 이 움직임이 효과적이 되려면, 특정한 방식으로 이뤄져야 하며, 그 방식은 적절한 때가 되면 스승이 직접 설명해 줄 것입니다.

4. 차원의 경계선 에테르 분리막

1) 에테르 분리막의 구조와 기능

나는 앞서, 심령체의 차크라(astral centres)와 육체의 차크라(etheric centres)가 매우 밀접하게 연결되어 있다고 말한 바 있습니다. 그러나 이 둘 사이에는, 쉽게 설명하기 어려운 방식으로 서로 관통하며 연결하는 촘촘하게 짜인 막 또는 망이 있습니다. 이 막은 고도로 압축된 단일 층의 물리적 원자로 구성된 외피로, 특수한 형태의 생명력(vital force)이 스며들어 있습니다. 일반적으로 신성한 생명(divine life)은 심령체에서 물질체로 내려올 때 이 분리막을 완전히 자연스럽게 통과할 수 있도록 조율되어 있습니다. 그러나 심령체와 물질체를 구성하는 각기 다른 원자 물질의 특성을 모두 이용할 수 없는 다른 모든 에너지나 존재에게는 절대적인 장벽이 됩니다.

이 분리막은 자연이 마련한 보호장치로서, 심령계와 물질계 사이의 조기 접촉이 이루어지는 것을 막습니다. 만약 이 분리가 너무 일찍 열리게 된다면, 그것은 오직 해로움만을 가져올 뿐이며, 건전한 발전으로 이어지지 못합니다. 이 분리막은 일반적인 조건하에서, 수면 중 일어난 일들을 명확히 기억하지 못하게 만드는 원인이 되며, 또한 죽음의 순간에 항상 동반되는 잠깐의 무의식 상태도 바로 이 분리막에 기인한 것입니다. 이러한 자비로운 구조가 존재하지 않는다면, 이 모든 개념을 전혀 알지 못하는 평범한 사람은 언제라도 어떠한 심령 존재에 의해 그 힘의 영향 아래 놓이게 될 수 있으며, 그것에 대항할 힘도 없이 휘말리게 될 것입니다. 이 분리막이 없다면 일반적인 사람들은 심령계에서 자신의 몸을 차지하려는 존재에게 반복적으로 사로잡히고, 그들의 영향 아래 지속적으로 조종당할 위험에 노출되게 됩니다.

2) 분리막 손상의 원인들

따라서 이 에테르 분리막이 손상되는 일은 매우 심각한 재앙이라 할 수 있습니다. 손상은 여러 가지 방식으로 발생할 수 있으며, 우리는 이를 방지하기 위해 최선을 다해 신중을 기해야 합니다. 손상은 우연한 사고로 올 수도 있고, 혹은 잘못된 수행을 지속한 결과로 생겨날 수도 있습니다. 예를 들어, 갑작스럽고 극심한 공포는 심령체에 큰 충격이 가하게 되어 이 분리막은 찢어질 수 있습니다. 이렇게 되면 그 사람의 정신은 붕괴되거나 '미치게' 됩니다. 이는 공포로 인해 정신이상에 이르게 되는 여러 경로 중 하나로, 심령체의 손상이 직접적인 원인이 되는 경우입니다. 또한, 격렬한 분노의 폭발 역시 동일한 효과를 일으킬 수 있습니다. 실제로 이는, 악한 성격의 극단적 감정이 심령체 내부에서 일종의 폭발을 일으켜 분리막이 파괴되는 경우입니다.

(1) 술과 약물의 영향

에테르 분리막을 점차적으로 손상시킬 수 있는 유해한 습관은 크게 두 가지 부류로 나뉩니다. 하나는 술과 마약류의 사용, 다른 하나는 자연이 닫아 놓은 차원의 문을 인위적으로 열어젖히려는 시도입니다. 후자의 경우는 영매들이 영적 능력을 개발하기 위해 영적 존재와 소통하려 시도하는 강신회나 교령회와 같은 방식이 있습니다.

특히 알코올, 모든 종류의 마약, 그리고 담배를 포함한 흡연물은 체내에서 분해될 때 휘발성 물질로 바뀌는 성분을 포함하고 있습니다. 이 성분의 일부는 물질계(physical plane)를 넘어 심령계(astral plane)로까지 전달됩니다(심지어 차와 커피 역시 이러한 성분을 포함하고 있지만, 그 양은 극히 미미하여, 장기간 과도하게 섭취했을 때에만 그 영향이 서서히 드러나는 수준입니다). 이런 물질들이 인체 내에서 분해되어 발생할 때, 그 구성 성분은 차크라를 통해, 본래의 흐름과는 반대 방향으로 급격히 분출됩니다.

이 현상이 반복되면, 에테르 분리막을 심각하게 손상시키고 결국 파괴하게 됩니다. 이러한 손상 또는 파괴는 개인의 체질적 유형이나, 그 사람의 에테르체와 심령체 안에 포함된 성분의 비율에 따라 두 가지 방식 중 하나로 나타납니다.

첫 번째 유형은, 휘발성 물질의 분출이 실제로 분리막을 태워 없애는 경우입니다. 이 경우, 차원 간의 문이 무방비 상태로 열리게 되며, 온갖 불규칙한 에너지와 악한 영향력들이 들어올 수 있는 통로가 되어 버립니다.

두 번째 유형은, 휘발성 성분들이 차크라를 통해 빠져나가는 과정에서 에테르 원자들이 변형되어 점점 단단해지고 굳어지는 경우입니다. 이때 원자의 진동이 억제되어 생명력이 침투하지 못하고, 그 결과 원자는 본래 서로 연결되어 분리막을 형성하던 기능을 잃게 됩니다. 이는 마치 분리막이 석회화(ossification)된 것과 같은 상태로 이어지며, 이 경우는 차원 간 연결이 과도한 것이 아니라 거의 차단된 형태로 나타납니다.

이러한 두 가지 손상 유형은 알코올 중독자들에게서 모두 관찰할 수 있습니다. **첫 번째 유형의 손상**은 ① 섬망(Delirium tremens) 즉 의식 혼란과 함께 발생하는 급성 뇌 기능 장애, ② 영적 조종(obsession), 또는 ③ 정신이상에 빠지게 되는데, 이런 사례는 비교적 드물게 발생합니다.

일반적인 손상은 두 번째 유형으로 <u>사람의 전반적 성품이 무뎌지고 황폐해집니다</u>. 이러한 상태는 물질주의적 성향, 잔인함, 동물적 본능, 그리고 섬세한 감정의 상실과 자기 통제력의 붕괴로 이어집니다. 이러한 사람은 더 이상 책임감이라는 감정 자체를 느끼지 못하게 됩니다. 평소에는 아내와 자녀를 사랑하던 사람이라도, 술에 취한 순간에는 가족들에게 빵을 사 줄 돈조차 자신의 욕망을 채우는 데 써 버리고, 그 애정과 책임감은 마치 완전히 사라진 것처럼 보이게 됩니다.

(2) 담배의 영향

앞서 언급한 두 번째 유형의 손상은 담배 중독자들 사이에서 아주 흔하게 관찰되는 결과입니다. 그 해악은 물질체, 심령체, 정신체 전체에 걸쳐 명확하게 나타납니다. 담배는 극도로 불순한 입자로 사람의 물질 육체를 관통시키며, 그로 인해 발생하는 물질적인 기운(방사물)은 너무도 조밀하여 종종 냄새로까지 감지됩니다.

심령체에서는 이 물질이 단순히 불순함을 유입시키는 데 그치지 않고, 동시에 진동을 둔화시키는 작용을 하게 됩니다. 그래서 담배를 피우면 흔히 말하는 '신경이 진정된다'는 느낌이 생기는 것입니다. 그러나 오컬트적 발전에 있어 우리가 원하는 것은 진동의 둔화가 아니라, 오히려 심령체가 가능한 한 모든 파장의 진동에 즉각 반응할 수 있는 능력입니다. 우리는 그 반응성과 더불어 완벽한 통제력 또한 가져야 하며, 욕망이 이성을 끌고 다니는 것이 아니라, 이성이 욕망을 인도하는 상태가 되어야 합니다. 하지만 담배 습관은 그 반대 방향으로 작용합니다. 욕망이 제멋대로 폭주하게 되어, 우리의 상위 자아(higher nature)가 절대 발을 들여서는 안 될 곳까지도 이끌어 가 버리는 것입니다.

담배의 영향은 죽음 이후에도 매우 고통스럽게 이어집니다. 담배는 심령체에 일종의 경화(ossification)와 마비(paralysis)를 일으켜, 사망한 후 수 주에서 수개월까지도, 그 사람은 무력하고, 누운 듯 정지된 상태로, 거의 의식이 없는 채, 마치 감옥 속에 갇힌 것처럼, 친구들과의 교류도 불가능하고, 모든 상위 차원의 영향에 대해서도 닫힌 채 있게 됩니다. 망자는 그 기간 동안 영적으로는 거의 죽은 상태가 됩니다. 이처럼 하찮은 습관 하나를 위해 이 모든 대가를 치를 가치가 과연 있을까요?

자신의 몸체들을 정화하고, 차크라를 각성시키며, 거룩한 길을 따라 진정한 발전을 이루고자 하는 사람에게, 담배는 반드시 단호히 멀리해야 할 대상입니다. 앞서 설명한 것처럼, 모든 차원 간의 인상(정보)은 반드시 원자적 하위차원(atomic sub-planes)을 통해서만 전달되어야 합니다. 그러나 담배에 의한 감각 둔화 현상이 일어나기 시작하면, 그 영향은 점차 다른 원자적 물질뿐만 아니라, 2번, 3번 하위차원의 물질들까지 침투하게 됩니다. 그 결과, 심령계와 에테르계 사이의 모든 건전한 연결 통로는 차단되고, 하위 차원의 사악하고 불쾌한 영향만이 강한 진동력으로 억지로 반응을 유도할 수 있는 유일한 경로로 남게 됩니다.

5. 문을 여는 길

창조주가 이 차크라를 철저히 보호하기 위해 다양한 장치를 마련해 놓았다고 해서, 이 문들이 영원히 굳게 닫혀 있어야 한다는 의미는 아닙니다. 이 문들을 올바른 방식으로 여는 길이 분명 존재합니다. 좀 더 정확히 말하자면, 창조주의 의도는 그 '문'을 억지로 넓게 열라는 데 있는 것이 아닙니다. 오히려 인간이 자신의 인격과 의식을 충분히 성숙시켜, 이미 존재하는 자연스러운 통로를 통해 더 깊고 풍부한 인식과 에너지를 흘려보낼 수 있도록 준비하는 것, 그것이 진정한 발전의 방향이라고 할 수 있습니다.

보통 사람의 의식은 아직 물질체나 심령체 안에서 순수한 원자 물질(pure atomic matter)을 자유롭게 사용할 수 없기 때문에, 물질계와 심령계 사이를 자의로 오가며 의식적으로 교류하는 일은 일반적으로 불가능합니다. 이러한 연결을 얻기 위한 올바른 방법은 육체의 에테르체와 심령체를 정화하여, 양쪽 모두에서 원자적 물질이 완전히 활성화되도록 하는 것입니다. 그렇게 되면, 모든 접촉은 그 정식 경로를 통해 자연스럽게 이동할 수 있게 됩니다. 이 경우, 에테르 분리막은 본래의 자리와 기능을 완전히 유지한 채, 완전한 차원 간 교류에 방해가 되지 않습니다. 또한 여전히 하위 차원의 밀접한 접촉을 차단함으로써 원치 않는 영향력이 통과되는 것을 막는 본연의 목적도 충실히 수행하게 됩니다.

바로 이런 이유로 우리는 언제나, 심령적 능력(초감각적 능력)의 전개를 서두르지 말고, 인격의 성숙이라는 자연스러운 발전 과정 속에서 그것이 열리도록 기다리라는 권유를 받습니다. 우리가 힘의 중심들(force-centres), 즉 차크라의 작용을 공부해 보면, 이 능력들은 반드시 그와 같은 방식으로 자연스럽게 열릴 것임을 확인할 수 있습니다. **이 자연스러운 열림이 바로 진정한 진화의 길이며, 가장 안전한 길입니다. 왜냐하면 이 길을 따르면, 모든 이로움을 얻는 동시에 모든 위험을 피할 수 있기 때문입니다. 이 길은, 과거에 우리의 스승들께서 걸어가신 길이며, 따라서 오늘날 우리에게도 가장 올바른 길입니다.**

제5장

요가 전통의
차크라와 쿤달리니

1. 인도의 차크라 체계

1) 인도의 차크라 경전들

앞서 언급한 차크라에 관한 정보 대부분은, 내가 약 20년 전에 처음으로 정리한 것입니다. 그 당시 나는 산스크리트어로 된 방대한 차크라 관련 문헌들에 대해 거의 아는 바가 없었습니다. 그러나 그 이후로, 차크라에 관한 중요한 고전들이 영어로 번역되어 소개되기 시작했습니다. 그중 대표적인 저작으로는 다음과 같은 것들이 있습니다.

- 『서펀트 파워(The Serpent Power)』: 아서 애벌론(Arthur Avalon)이 『샷차카라 니루파나(Shatchakra Nirupana)』를 번역한 책
- 『서른 개의 소(小) 우파니샤드(Thirty Minor Upanishads)』: K. 나라야나스와미 아이야르(K. Narayanaswami Aiyar) 번역
- 『시바 삼히타(The Shiva Samhita)』: 스리스 찬드라 비디야르나바(Sris Chandra Vidyarnava) 번역

이들 저작은 모두 차크라를 중심으로 깊이 있게 다룬 고전이며, 이 외에도 여러 문헌들이 보다 간접적인 방식으로 차크라 중심에 대해

언급하고 있습니다. 특히 애별론의 책은, 힌두 요기들이 전통적으로 묘사해 온 상징적 형태의 차크라들을 컬러 도판으로 아주 훌륭하게 수록하고 있어 주목할 만합니다. 이렇듯 힌두 과학의 이 분야는 서구 세계에 점차 알려지고 있는 중이며, 독자들의 이해를 돕기 위해, 여기서 나는 이 주제에 대한 간략한 개요를 소개하고자 합니다.

2) 힌두 경전의 차크라 구조와 상징

산스크리트 문헌들에 등장하는 차크라는, 우리가 오늘날 관찰하는 차크라와 대체로 동일합니다. 다만 앞서 언급한 바와 같이, 이들 문헌에서는 비장(spleen)에 해당하는 중심 대신 '천골(Svadhishthana)' 차크라를 사용하는 점이 특징입니다. 각 문헌마다 차크라의 연꽃잎('꽃잎'은 중심의 진동선 또는 방사형 에너지 흐름을 상징)을 세는 방식에는 약간의 차이가 있으나, 전반적으로는 우리가 관찰한 내용과 대체로 일치합니다.

흥미로운 점은, 이들 문헌에서는 크라운 차크라(crown centre)를 별도로 다루지 않으며, 총 여섯 개의 차크라만을 언급하고 있습니다. 이들 문헌에서 크라운 차크라는 '사하스라라 파드마(Sahasrara Padma)' 즉 '천 개의 꽃잎을 지닌 연꽃'이라는 상징적 표현으로 지칭됩니다. 우리가 관찰한 바에 따르면, 이 사하스라라 내부에는 작은 12잎의 부차적 차크라가 존재하고 있으며, 인도 문헌들에서도 이 중심을 인식하고 기록하고 있음을 확인할 수 있습니다.

여섯 번째 차크라(미간 중심)에 대해 이들은 꽃잎 수를 96개가 아닌 2개로 기술하는데, 이는 아마도 제1장에서 언급한 바와 같이 그 중심의 원판이 양분된 구조를 가리키는 것으로 해석됩니다. 이러한 꽃잎 수의 차이는 크게 중요하지 않습니다. 예를 들어 『요가 쿤달리니 우파니샤드(The Yoga Kundalini Upanishad)』는 심장 차크라를 12잎이 아닌 16잎으로, 『디야나빈두 우파니샤드(The Dhyanabindu Upanishad)』와 『샨딜야 우파니샤드(The Shandilya Upanishad)』는 태양신경총 차크라를 10개가 아닌 12개의 방사형 구조로 묘사하고 있습니다.

또한 여러 문헌에서는 심장 아래에 또 다른 하나의 차크라가 존재함을 언급하고 있으며, 제3의 눈 차크라와 정수리 연꽃 사이에 존재하는 여러 추가적인 센터들 역시 매우 중요하다고 언급합니다. 『디야나빈두 우파니샤드』에서는 심장 연꽃이 8잎을 가진다고 말하지만, 그 명상적 활용에 대한 설명을 보면, 앞서 언급한 보조 심장 차크라(secondary heart chakra)를 가리키는 것일 가능성이 높습니다.

차크라 꽃잎의 색상에 대해서도 문헌들마다 다소 차이가 있으며, 이 내용은 표 5에서, 우리의 기록과 주요 문헌을 비교한 자료를 통해 확인할 수 있습니다. 이러한 차이가 기록에 존재한다는 것은 전혀 놀라운 일이 아닙니다. 차크라는 개인과 인종에 따라 구조적 변이가 존재할 수 있습니다. 또한 이를 관찰하는 수행자의 능력과 인식 수준에 따라서도 차이가 생길 수 있기 때문입니다. 우리가 제1장에서 기록한 내용은, 서구의 복수의 연구자들이 신중하게 서로의 관찰을 비교하고 검증하여 얻은 결과입니다.

표 5. 차크라 연꽃의 색상

차크라 번호	리드비터의 관찰 결과	『샷차카라 니루파나』	『시바 삼히타』	『가루다 푸라나』
1번	불타는 오렌지빛 빨강	빨강	빨강	(기재 없음)
2번	빛나는 태양빛	주홍색	주홍색	밝은 황금색
3번	다양한 빨강과 초록색	파랑	황금색	빨강
4번	황금색	주홍색	짙은 빨강	황금색
5번	푸른빛, 은빛, 반짝임	회보라색	눈부신 금색	연한 은백색
6번	노랑과 보라색	흰색	흰색	빨강

한편, 힌두 요기들이 제자 교육용으로 그린 차크라 그림들은 항상 상징적 형식으로 표현되어 있으며, 차크라의 실제 외형과는 거의 관련이 없습니다. 다만, 일반적으로는 꽃잎의 수와 색상을 암시하려는 시도가 일부 반영되어 있습니다. 이러한 차크라 그림 하나하나의 중심부에는 항상 다음과 같은 네 가지 상징 요소가 그려져 있습니다.

- 기하학적 문양
- 산스크리트 문자 하나
- 동물 상징
- 남신과 여신 한 쌍

우리는 본서의 도해 10에, 아서 애벌론(Arthur Avalon)의 『서펀트 파워(The Serpent Power)』에서 인용한 심장 차크라의 상징 그림을 실었습니다. 이제 우리는, 이 그림에 포함된 다양한 상징들의 의미를 하나씩 설명해 보려 합니다.

2. 요가 전통의 차크라 상징 체계

1) 요가 전통에서 수행의 3요소

라야 요가[37] 또는 쿤달리니 요가의 목적은, 다른 모든 인도 요가 수행들과 마찬가지로 '영혼과 신(神)의 합일'을 이루는 데 있습니다. 이 궁극적 목적을 이루기 위해 수행자는 항상 세 가지 방향에서 노력해야 합니다.

바로 ① 사랑(Love), ② 생각(Thought), 그리고 ③ 행위(Action)입니다. 예를 들어, 어떤 요가 전통에서는 의지력(will)을 중심으로 수행을 전개합니다. 이는 『요가수트라(The Yoga Sūtras)』에서 제시된 방식으로, 의지의 힘으로 마음의 작용(치타 브리띠)을 조용히 가라앉히고 집중을 통해 내면을 통제함으로써, 자아를 신성한 실재에 일치시키려는 수행법입니다.

또 다른 요가 전통에서는 크나큰 사랑(devotion)이 중심이 되며, 이는 『바가바드기타(Bhagavad Gītā)』에서 크리슈나가 아르주나에게 전한 가르침이 대표적입니다. 그러나 이 모든 전통에서 일관되게 강조되는 바는, 세 방향 모두에서 균형 잡힌 성취를 이루어야 한다는 것입니다.

---

37) **라야 요가(Laya Yoga):** 산스크리트어 laya(녹이다, 흡수하다, 해체하다)에서 유래된 용어로, 개체적 자아(ego)의 모든 활동을 상위 자아 속으로 용해시키는 영적 수행 체계다. 이는 수행자가 다양한 차크라 중심을 통해 쿤달리니 에너지를 각성시키고, 그것을 수슘나 경로를 따라 상승시켜 최종적으로 사하스라라 차크라에서 초월적 의식과의 합일에 도달하는 것을 목표로 한다.(편집자 주)

예를 들어 파탄잘리[38]는 수행자에게 다음 세 가지 실천을 초기 단계에서 제시합니다.

- 타파스(Tapas): 내면과 외면의 정화를 위한 자기 절제의 실천
- 스바디야야(Svādhyāya): 영적인 진리와 자아에 대한 꾸준한 탐구와 공부
- 이슈와라 프라니다나(Īśvara Praṇidhāna): 신성한 존재에 자신을 맡기고 전적인 믿음을 실천하는 태도

크리슈나 또한 제자에게 지혜야말로 가장 고귀한 봉사의 도구이며, 가장 값진 제물이라 하면서, 그 지혜는 오직 ① 헌신(devotion), ② 탐구(enquiry), ③ 봉사(service)를 통해서만 배울 수 있다고 말합니다. 그리고 마지막으로 이렇게 덧붙입니다.

"지혜로운 자들, 진리를 꿰뚫어 보는 자들이 그 지혜를 너에게 가르쳐 줄 것이다."

가장 현대적인 동양의 교훈서 중 하나인 『스승의 발아래에서(At the Feet of the Master)』에서도 이와 같은 삼중적 길(triplicity)이 그대로 등장합니다. 이 책에서 요구하는 자격 역시 다음 세 가지입니다.

- 식별력(Discrimination)
- 선행의 실천(Good Conduct)
- 신, 스승, 인류에 대한 사랑(Love)

---

38) **파탄잘리(Patañjali)**: 고대 인도의 철학자이자 『요가수트라』의 저자로, 요가 수행의 이론과 실천을 정립한 인물이다. 그는 요가를 '마음의 작용을 멈추는 것'으로 정의하고, 여덟 단계의 수행법(아쉬탕가 요가)을 통해 자아 초월과 해탈에 이르는 길을 제시했다. 파탄잘리는 현대 요가와 신지학 전통에도 깊은 영향을 끼쳤다.(편집자 주)

2) 차크라 상징에 담긴 의미

인도 요기들이 사용하는 차크라 상징(diagrams)을 제대로 이해하려면, 이들이 수행자의 세 가지 방향 모두에서의 성장을 돕기 위해 제작된 것임을 기억해야 합니다. 즉, 수행자는 다음 세 방향 모두에서 힘써야 합니다.

- 세계와 인간의 구성에 대한 지식을 획득하는 것(이것은 오늘날 우리가 신지학이라고 부르는 영역)
- 신성(Divine)에 대한 깊은 헌신과 경배를 통해 강한 내적 사랑을 계발하는 것
- 그리고 무엇보다, 내면에 잠든 쿤달리니(Kundalini)의 층을 깨어나게 하고, 이 에너지를 차크라들을 따라 순례하게 만드는 것

여기서 쿤달리니는 언제나 여신(女神)으로 의인화되며, 그녀를 자신의 내면을 통과하는 신성한 힘으로 경배하고 인도하는 것이 수행의 핵심이 됩니다.

차크라 그림에는 앞서 말한 세 가지 목적(사랑, 생각, 행위)이 모두 담겨 있기 때문에, 각 차크라에는 가르침과 헌신에 관련된 상징들도 함께 포함되어 있습니다. 이러한 상징들은 반드시 차크라 자체의 본질적 기능이나 작동 구조를 표현한 것은 아니며, 교육적 또는 예식적 목적을 위한 상징적 요소로 이해하는 것이 옳습니다. 이와 유사한 예를 우리는 자유 가톨릭교회(Liberal Catholic Church)의 집단적 예식 수행(collective yoga practices)에서도 찾아 볼 수 있습니다. 이 의식에서도, 우리는 다음 세 가지를 동시에 수행하려고 합니다.

- 신성에 대한 헌신을 자극하고,
- 영적 지식을 전달하며,
- 예식 속에 작동하는 마법적 의식(ritual magic)을 실천합니다.

또 한 가지 기억할 점은, 옛날 요기들은 대개 유랑하거나 숲속에서 은둔하며 수행하던 존재들이었기 때문에, 당시의 야자잎에 쓰인 문헌(팜리프 경전)조차 쉽게 접할 수 없었습니다. 이들에게는 기억을 돕는 보조 수단(mnemonic aids)이 필요했으며, 차크라 그림 속 상징들이 바로 그러한 역할을 수행했습니다. 요기들은 때때로 자신의 구루(스승) 곁에 앉아 가르침을 듣고, 그 후에 그 배움을 떠올릴 때, 이러한 상징 도상들에 담긴 요소들을 통해 자신이 배운 신지학적 진리를 회상하고 정리할 수 있었던 것입니다.

도해 10. 심장 차크라 상징
(뒤표지의 컬러 그림을 함께 참고하세요.)

3) 심장 차크라 상징 체계 해석

이 자리에서 모든 차크라의 상징을 완전하게 해석하는 것은 현실적으로 어려우며, 심장 차크라(Anahata)에 대한 해석만 간략히 소개하는 것으로 충분할 것입니다. 이 절에서는 우리가 삽입한 심장 차크라 도해를 바탕으로 설명이 이루어집니다. 이 분야의 해석에서 가장 큰 어려움은, 대부분의 상징에 대해 여러 방식의 해석이 존재한다는 점입니다. 그리고 힌두 요기들은 이러한 해석에 대해 매우 완강하고 침묵에 가까운 태도를 보입니다. 그들은 라야 요가(Laya Yoga)에 전 생애를 바칠 각오로 스승에게 제자로서 헌신하려는 사람에게만 자신들의 지식이나 통찰을 조금씩 전수하려고 합니다. 그 외의 질문자에게는 철벽같은 침묵으로 일관합니다. 이 심장 차크라는 『샷차카라 니루파나(Shatchakra Nirupana)』의 22~27행에 묘사되어 있으며, 아래는 아서 애벌론(Arthur Avalon)이 이를 요약 번역한 내용입니다.

(1) 심장 차크라 상징의 기본 구조

심장 연꽃(Anahata)은 반두카 꽃처럼 붉은색을 띠며, 그 12장의 꽃잎에는 산스크리트 문자 카(Ka)에서 타(Tha)까지가 배열되어 있습니다. 그 위에는 진한 주홍빛의 빈두(Bindu)가 위치합니다. 꽃술 중심에는 육각형 구조의 바유 만달라(Vayu-Mandala)가 있으며, 옅은 회보라색을 띠고 있습니다. 그 위에는 태양 원(Surya-Mandala)이 있고, 그 안에는 천만 번의 번개처럼 번쩍이는 삼각형(Trikona)이 자리합니다. 그 위에 위치한 바유 비자(Vayu-Bija, 공기의 씨음절)는 회갈색빛의 형상으로 묘사되며, 검은 영양을 타고 네 개의 팔로 고삐(ankusha)를 들고 있습니다. 바유 비자의 무릎 위에는 세 눈을 가진 신 '이샤(Isha)'가 앉아 있습니다. 이샤는 하마사(Hamsa)처럼 두 팔을 펼치고, 하나는 축복을 내리는 손짓(Vara Mudra)을, 다른 하나는 두려움을 없애는 손짓(Abhaya Mudra)을 취하고 있습니다.

꽃술 내부에는 붉은 연꽃 위에 앉아 있는 여신 '샥티 카키니(Shakti Kakini)'가 있습니다. 그녀는 네 개의 팔을 가지고 있으며, 올가미(Pasha), 해골(Kapala)을 들고, 축복과 두려움 제거의 손짓을 함께 보여 줍니다. 그녀의 피부는 황금빛이며, 노란 옷을 입고, 각종 보석들과 뼈로 만든 화환을 걸고 있습니다. 그녀의 마음은 불사의 영약(Amrita)으로 인해 부드럽고 자비롭습니다.

삼각형 중심부(Trikona)에는 바나 링가(Vana-Linga)의 형상으로 된 시바(Shiva)가 계시며, 그의 머리에는 초승달과 빈두(Bindu)가 있습니다. 그는 황금색을 띠며, 열망의 물결로 가득 찬 기쁨에 넘친 모습을 하고 있습니다. 그 아래에는 하마사(Hamsa)처럼 생긴 지바트마(Jivatma, 개별 영혼)가 위치하며, 그 모습은 마치 고요히 타오르는 촛불의 끝처럼 안정된 형태입니다.

이 심장 차크라의 꽃술 아래에는 머리를 위로 향한 붉은색의 여덟 잎 연꽃이 놓여 있으며, 이 붉은 연꽃 안에는 마음속 예배 장소로 묘사된 갈파수(Kalpa Tree, 소원성취 나무), 보석으로 장식된 제단, 그 위를 덮는 천막과 깃발이 있습니다. 이 모든 요소는 수행자가 내면에서 신을 예배하는 상징 공간으로 여겨집니다.[39]

(2) 연꽃잎과 산스크리트 문자 체계

앞서 살펴본 바와 같이, 각 차크라의 연꽃잎(petals)은 기본 에너지(primary forces)에 의해 형성됩니다. 이 힘은 차크라 중심에서 바퀴의 살(spokes)처럼 몸 전체로 방사되며, 그 살의 개수인 잎의 수는 해당 차크라를 통해 들어오는 생명력 혹은 창조력의 작용 수에 따라 결정됩니다. 예를 들어, 심장 차크라의 경우에는 12개의 꽃잎이 있으며, 여기에 산스크리트 문자 '카(Ka)에서 타(Tha)'까지가 정해진 순서에 따라 배치됩니다. 이 문자는 단순한 장식이 아니라, 우리 몸에 유입되는 생명력 전체의 특정 부분을 상징적으로 나타내는 기호입니다.

---

39) The Serpent Power, by Arthur Avalon, 2nd edition, Text, p.64.

표 6. 차크라 연꽃잎의 산스크리트 음절 체계

16 모음

अ	आ	इ	ई	उ	ऊ	ऋ	ॠ	ऌ	ॡ	ए	ऐ	ओ	औ	अं	अः
a	ā	i	ī	u	ū	ṛ	ṝ	ḷ	ḹ	e	ai	o	au	aṃ	ḥ

33자음

	1	2	3	4	5
Gutturals	क(ka)	ख(kha)	ग(ga)	घ(gha)	ङ(ṅa)
Palatals	च(cha)	छ(chha)	ज(ja)	झ(jha)	ञ(ña)
Cerebrals	ट(ṭa)	ठ(ṭha)	ड(ḍa)	ढ(ḍha)	ण(ṇa)
Dentals	त(ta)	थ(tha)	द(da)	ध(dha)	न(na)
Labials	प(pa)	फ(pha)	ब(ba)	भ(bha)	म(ma)
Semi-vowels	य(ya)	र(ra)	ल(la)	व(va)	
Sibilants	श(śa)	ष(ṣa)	स(sa)		
Aspirant	ह(ha)				

산스크리트어의 이 문자 배열은 매우 과학적으로 설계된 체계입니다. 서양 언어에서는 찾아보기 어려운 구조적 정교함을 지니며, 총 49개의 문자는 일반적으로 아래와 같은 표 형식으로 배열됩니다. 차크라의 꽃잎 수를 정확히 맞추기 위해, 마지막에는 보통 '크샤(Kṣa)'를 추가하여 총 50개의 문자를 사용합니다.

요가 전통에서는 이 산스크리트 문자 전체가 인간이 낼 수 있는 모든 소리의 총합이라 여겨집니다. 즉, 말소리(speech)라는 차원에서 볼 때, 이 문자 체계는 우주의 창조적 음성, 곧 '한 가지 창조의 소리(one creative sound)'의 물질적 확장 표현인 것입니다. 이러한 관점은 성스러운 음절 '옴(Aum)'의 개념과도 통합니다. '옴'은 다음과 같은 구조를 가집니다.

- a : 입천장 뒤쪽에서 시작해
- u : 입 중앙을 통과하고
- m : 입술에서 닫히며 끝나는 소리

이 음절은 모든 창조적 발성을 상징하며, 곧 창조적 힘들의 집합을 의미합니다. 요가 전통에서는 각 차크라에 아래와 같은 방식으로 문자들을 배정합니다.

문자 범위	배정 차크라
16개 모음	목 차크라(비쉬우다)
Ka~Tha	심장 차크라(아나하타)
Da~Pha	태양신경총 차크라(마니푸라)
Ba~La	천골 차크라(스바디쉬타나)
Va~Sa	뿌리 차크라(물라다라)
Ha, Kṣa	제3의 눈 차크라(아즈나)
전체 문자 × 20	크라운 차크라(사하스라라)

이 구조는 각 차크라가 단순한 에너지 중심이 아니라, 말소리와 창조력의 구조와 직접 연결되어 있음을 보여 주며, 차크라 그림의 문자가 배치되는 이유도 바로 여기에 있습니다.

각 차크라에 특정한 문자들이 배정된 이유에 대해 분명한 설명이 전해지는 바는 없습니다. 하지만 하나의 분명한 경향은 있습니다. 차크라가 위로 올라갈수록, 그에 대응하는 '능력(powers)'의 수가 점점 많아진다는 점입니다. 라야 요가 체계를 처음 정립한 수행자들은 이러한 힘들의 구조와 속성에 대해 매우 정교한 이해를 가지고 있었을 가능성이 높습니다. 그리고 이 문자들을 기하학에서 각을 알파벳으로 명명하거나, 방사능 물질에서 방출되는 에너지를 구분하듯 특정한 힘들을 상징하고 구별하는 방식으로 사용했을지도 모릅니다. 이 문자들에 대한 명상은 『침묵의 소리(The Voice of the Silence)』에 나오는 표현을 빌리자면 "외부의 소리를 죽이는 내면의 소리(inner sound which kills the outer)"에 도달하는 것과 밀접한 관련이 있습니다.

힌두교의 과학적인 명상법은 언제나 어떤 형상(이미지)이나 소리(진동)에 집중하는 것으로 시작됩니다. 수행자는 먼저 그 대상에 마음을 확고히 집중시키고, 그 집중이 깊어졌을 때 비로소 그 형상 또는 소리가 지닌 더 높은 의미와 본질을 실현하려고 시도합니다. 예를 들어 스승(마스터)에 대해 명상할 때, 수행자는 먼저 그 스승의 물리적 형상을 떠올리고, 그다음에는 그분의 감정과 의식을 느껴 보고, 점차 그분의 생각, 통찰, 의도에 접근하려고 노력합니다.

(3) 만달라 원소 상징

심장 차크라의 꽃술(pericarp) 중심에 위치한 육각형 만달라(hexagonal mandala)는 공기(Air) 원소의 상징으로 여겨집니다. 각 차크라는 흙(Earth), 물(Water), 불(Fire), 공기(Air), 에테르(Ether), 마음(Mind)과 같이 특정한 '원소(element)'와 연결되어 있는 것으로 간주됩니다. 여기서 '원소'는 현대 화학의 원소(element)와는 전혀 다른 개념으로, 물질의 상태(state of matter)로 이해해야 합니다. 예를 들어 흙 → 고체(solid), 물 → 액체(liquid), 불 → 열적/기체 상태(fire/gas), 공기 → 기류(air), 에테르 → 에테르적(etheric), 마음 → 의식의 매질(mental substance) 이러한 원소들은 차원(plane)이나 하위 차원(sub-plane) 개념과도 비슷한 구조를 가지고 있어, 우리가 말하는 물질계, 심령계, 정신계 등과도 대응 관계를 이룹니다.

『샷차카라 니루파나(Shatchakra Nirupana)』에 따르면, 각 원소는 그에 해당하는 얀트라(상징 도형)로 표현되며, 이 얀트라는 각 차크라의 연꽃 그림 안, 꽃술(pericarp) 부분에 묘사되어 있습니다. 이 색상은 문헌마다 다소 차이가 있는데, 예를 들어 어떤 목록에서는 노란색 대신 오렌지-레드, 연회색 대신 파란색, 흰색 대신 검정색이 사용되기도 합니다. 다만, 이때의 검정색은 남색(indigo) 또는 짙은 청색(dark blue)을 의미한다고 설명되기도 합니다.

표 7. 차크라 원소의 상징과 색상

차크라 번호	원소	상징 도형	색상
1번 차크라	흙(Earth)	정사각형(A square)	노란색
2번 차크라	물(Water)	초승달 모양(A crescent moon)	흰색
3번 차크라	불(Fire)	삼각형(A triangle)	밝은 붉은색
4번 차크라	공기(Air)	두 개의 겹쳐진 삼각형(육각형 구조)	연회색
5번 차크라	에테르(Ether)	원(A circle)	흰색
6번 차크라	마음(Mind)	(명확한 도형 없음)	흰색

서양 독자에게는 '마음(Mind)'을 원소의 하나로 포함시키는 발상이 다소 낯설게 느껴질 수 있습니다. 그러나 힌두 철학에서는 마음도 의식의 한 도구, 곧 형이상학적 실체의 작용기제로 간주되며, 이를 포함하는 것은 전혀 이상한 일이 아닙니다. 이것은 힌두 사유 전통은 종종 모나드(Monad)의 관점, 즉 궁극적 주체의 시점에서 사물을 바라보는 경향이 있기 때문입니다. 예를 들어 『바가바드기타(Bhagavad Gītā)』 제7장에서는 크리슈나(Kṛṣṇa)가 다음과 같이 말합니다.

"흙(earth), 물(water), 불(fire), 공기(air), 에테르(ether), 마음(manas), 지성(buddhi), 자의식(ahamkāra) — 이 여덟 가지가 나의 현상적 분화(프라크리티, prakriti)를 이룬다."

그리고 이어지는 구절에서는, 이 여덟 가지 모두가 '나의 하위 차원의 표현(lower manifestation)'이라고 밝힙니다.

이러한 원소들은 각 차원(planes)과 관련되어 있으며, 차크라와 직접 일치하는 것은 아니지만, 요기(yogi)가 특정 차크라에서 그 원소를 명상할 때, 그는 동시에 우주의 차원 구조(planes)를 마음속에 상기하고 정렬하게 됩니다. 이러한 명상은 수행자에게 자신의 의식 중심을 현재 머물고 있는 차원에서 점차 상승시켜, 최고 차원인 제7차원까지 도달하게 하며, 나아가 그 차원을 넘어서는 신성한 실재와 접촉할 가능성까지 열어 줍니다.

심지어 완전한 의식 상태로 상위 차원에 들어가지 못하더라도, 이러한 명상을 통해 더 높은 차원으로부터 영향을 감지하고, 그로부터 인상을 받아들일 수 있는 문이 열리게 됩니다. 그렇게 체험되는 내적 감응 혹은 의식적 에너지는, 경전들에서 종종 언급되는 '넥타(nektar, 암리타 Amrita)', 즉 불사의 음료 또는 생명의 정수로 간주됩니다. 우리는 이 '넥타'에 대해, 깨어난 쿤달리니가 가장 높은 중심에 도달했을 때 나타나는 현상과 관련하여 더 자세히 살펴보게 될 것입니다.

(4) 얀트라(신성 도형)와 감각·원소 대응

『자연의 미세한 힘들(Nature's Finer Forces)』에서[40] 판딧 라마 프라사드 [41]는 얀트라의 기하학적 형태가 갖는 상징적·자연적 의미를 깊이 있게

---

40) Op. cit., p.2, et seq, out of print
41) 판딧 라마 프라사드(Pandit Rama Prasad)는 19세기 말 인도의 저명한 학자이자 신지학자이며, 특히 인도 전통의 에테르 이론, 프라나, 요가 과학에 관한 해설서인 『자연의 미세한 힘들(Nature's Finer Forces)』의 저자로 널리 알려져 있다. 이 책은 힌두 철학과 과학적 생각을 통합하여, 차크라와 에너지, 감각과 진동의 관계를 이론적으로 설명한 초기의 시도 중 하나로 평가된다.(편집자 주)

고찰한 연구를 소개하고 있습니다. 그의 설명은 다소 길어 여기에서 모두 인용하기는 어렵지만, 그중 주요 개념 몇 가지를 간단히 요약해 보겠습니다.

우선 라마 프라사드는 우리가 빛을 감지할 수 있는 것은 '광에테르 (luminiferous ether)' 덕분이듯이, 다른 감각들인 후각, 미각, 촉각, 청각 에도 각각 고유한 형태의 '에테르'가 존재한다는 가설을 세웁니다. 프 라사드에 따르면, 각 감각과 그에 대응하는 원소, 그리고 얀트라의 형 태는 다음과 같은 구조로 연관되어 있습니다.[42]

감각	대응 원소	얀트라 형태	차크라 위치
후각 Smell	고체(Solid)	정사각형(Square)	1번 차크라
미각 Taste	액체(Liquid)	초승달(Crescent)	2번 차크라
시각 Sight	기체(Gaseous/Fire)	삼각형(Triangle)	3번 차크라
촉각 Touch	공기(Air)	육각형(겹삼각형)	4번 차크라
청각 Hearing	에테르(Ether)	원형(Circle)	5번 차크라

프라사드는 목 차크라(Vishuddha), 즉 5번 차크라와 청각의 관계에 대해 다음과 같이 설명합니다. 소리는 사방으로 퍼져 나가는 원형 파 동의 형태로 전파되기 때문에, 이 차크라의 얀트라에 원(circle)이 배치

---

42) 힌두 요가 전통에서는 감각을 물리적 자극이 아닌 의식의 미세한 반응으로 보며, 각 감각은 그것 을 매개하는 원소(흙, 물, 불, 공기, 에테르)와 연결된다. 예를 들어, 후각은 '물질적 존재감'을 감지하므로 흙(earth)에, 촉각은 '진동과 흐름'을 느끼므로 공기(air)에 배정된다. 이는 서양 과학과는 다른, 내면 적·형이상학적 분류 체계이다.

된 것은 그러한 파동 특성과 밀접한 관련이 있다는 것입니다. 또한 그는 태양신경총 차크라(Manipura), 즉 3번 차크라와 시각의 관련성에 대해 언급합니다. 빛의 파동은 한 점이 앞으로 나아가면서 동시에 직각 방향으로 진동하기 때문에, 그 움직임의 전체 경로는 삼각형을 그리는 것처럼 보입니다. 그래서 태양신경총 차크라에 삼각형 얀트라가 나타나는 것도 이와 상응한다고 설명합니다. 이 밖에도 후각, 미각, 촉각에는 각각 고유한 에테르적 진동 형태가 있으며, 각 얀트라의 기하학적 구조는 이러한 진동의 특성을 상징적으로 표현하고 있다는 것이 프라사드의 핵심 주장입니다.

(5) 동물 상징과 씨음절

심장 차크라 상징의 영양(antelope)은 매우 빠른 발놀림으로 인해, 공기(Air) 원소의 민첩함과 가벼움을 상징하는 데 적합한 동물입니다. 이 공기 원소를 주관하는 힘은 특정한 씨음절(bīja mantra)로 표현되며, 이 경우 해당 음절은 '얌(Yam)'입니다. 이 '얌'은 다음과 같은 방식으로 발음됩니다. 영어의 y 발음으로 시작하여, 중성 모음(ə), 즉 "India"에서의 a처럼 짧고 흐린 발음이 이어지고, 마지막에는 비음(nasal sound)이 덧붙습니다. 이 발음은 프랑스어에서 자주 들리는 비강 공명이 있는 소리와 유사합니다.

문자 위에 찍힌 점(dot)이 바로 이 비음(nasal)을 나타내며, 바로 이 점 속에, 이 차크라에서 숭배되어야 할 신성 존재인 세 개의 눈을 가진 '이샤(Isha)'가 깃들어 있다고 여겨집니다.

다른 차크라에도 다음과 같은 상징 동물들이 등장합니다.

- 코끼리(elephant): 단단하고 무거운 체구로 인해 지(Earth) 원소와 연결되며, 동시에 '지탱하는 힘'이라는 상징적 이유로 에테르(Ether)와도 연결됩니다.
- 마카라(Makara, 악어): 제2차크라의 물(Water) 원소를 상징하는 존재로 등장합니다. 이는 심연과 감정의 깊이, 본능적 에너지를 상징하기도 합니다.
- 양(Ram): 제3차크라의 불(Fire) 원소를 나타내는 동물로, 공격성, 추진력, 열정 등 불의 속성을 잘 표현합니다.

특정한 수행을 위해 요기(Yogi)는 자신이 이 동물들 위에 앉아 있는 모습을 마음속에 그리며, 그 동물이 상징하는 힘과 특성을 의식적으로 체현하려고 시도하기도 합니다.

(6) 신성한 존재들과 샥티 체계

몇몇 만트라들 속에는 매우 아름다운 사상이 담겨 있습니다. 대표적인 예가 바로 잘 알려진 성스러운 음절 '옴(Om 또는 Aum)'에 대한 설명입니다. '옴'은 총 네 부분 ① a, ② u, ③ m, 그리고 마지막의 ④ 아르다마트라(ardhamātra, 반음절)로 구성된 것으로 간주됩니다. 『침묵의 소리(The Voice of the Silence)』에서도 이 점에 대해 다음과 같은 묘사가 있습니다.

> "그리하면 너는 위대한 새의 날개 사이에서 쉴 수 있으리. 그렇다, 그 날개 사이에서의 쉼은 달콤하니라. 태어나지 않고, 죽지도 않으며, 영원한 시대를 관통해 오직 '옴(Aum)'인 그것 속에서 말이다."

블라바츠키는 이에 대한 각주에서 위대한 새(The Great Bird)를 다음과 같이 설명합니다.

"칼라 함사(Kāla Haṃsa), 즉 새 혹은 백조.

『나다빈두 우파니샤드(Nādabindu Upanishad, 리그베다 파생경전)』에 따르면: '음절 A는 함사의 오른쪽 날개, U는 왼쪽 날개, M은 꼬리, 아르다마트라(반음절)는 머리'라고 전한다."

수행자(요기)는 명상 중에 이 세 음절(a, u, m)을 따라 집중한 뒤, 마지막으로 오는 '침묵(silence)', 즉 아르다마트라에 이릅니다. 그리고 그 침묵 속에서 신성을 묵상합니다.

각 차크라에 배정된 신성 존재(Deities)는 전통 문헌마다 다소 차이를 보입니다. 예를 들어, 『샷차카라 니루파나(Shatchakra Nirupana)』에서는 다음과 같은 배열을 따릅니다.

- 제1차크라: 브라흐마(Brahmā)
- 제2차크라: 비슈누(Viṣṇu)
- 제3차크라: 시바(Śiva)

이후 차크라들에는 시바의 다양한 형태들이 등장합니다. 반면, 『시바 삼히타(Śiva Saṃhitā)』나 몇몇 문헌들에서는 제1차크라에 시바의 아들인 가네샤(Ganeśa, 코끼리 머리를 가진 신), 제2차크라에 브라흐마, 제3차크라에 비슈누를 배정하기도 합니다. 이러한 차이는 대체로 수행자나 전통이 속한 종파에 따라 달라지는 경향이 있습니다.

현재 설명하고 있는 심장 차크라에는 남성적 에너지인 이샤(Isha)와 함께, 여성적 에너지인 샥티 카키니(Shakti Kakini)가 함께 등장합니다. 여기서 샥티(Shakti)는 단순한 여신이 아니라, '힘' 혹은 '에너지' 자체를 의인화한 존재입니다. 예를 들어, '생각의 힘(thought-power)'은 곧 '마음의 샥티'라고 불립니다. 각 차크라에는 이와 같은 여성적 샥티 존재가 하나씩 대응되어 있으며, 이들은 차례로 다키니(Dakini), 라키니(Rakini), 라키니(Lakini), 카키니(Kakini), 샤키니(Shakini), 하키니(Hakini)로 불립니다. 이 샥티들은 신체 내의 주요 구성 요소인 다투(dhātu) 즉, 장기나 조직의 생리적 특성을 다스리는 힘으로 해석되기도 합니다.

심장 차크라의 샥티인 카키니(Kakini)는 붉은 연꽃 위에 앉아 있습니다. 그녀는 네 개의 팔을 지니고 있으며 이는 네 가지 힘 혹은 기능을 상징합니다. 이 중 두 손은 이샤와 마찬가지로 축복을 내리고 두려움을 없애는 손짓을 하고 있습니다. 그리고 나머지 두 손에는 올가미(앙크 십자가의 또 다른 형태를 상징)와 해골(죽은 하위 본성을 상징하는 것으로 보임)을 들고 있습니다.

3. 차크라 명상과 의식 상승

1) 5원소를 통한 신체 정렬 명상

때때로 차크라에 대한 일반적인 명상 수행은 신체 전체를 하나의 구조로 보고 진행되기도 합니다. 다음은 『요가탓트바 우파니샤드(Yogatattva Upanishad)』에서 발췌한 내용으로, 신체를 다섯 원소(땅, 물, 불, 공기, 에테르)의 영역으로 나누고, 각 부위에 대응하는 형상, 색상, 씨음절

(bīja), 그리고 신성한 존재를 중심으로 수행하는 명상법을 설명합니다.

땅의 영역은 발에서 무릎까지로, 이 구역은 사각형 모양, 노란색, 그리고 씨음절 '라(La)'로 상징됩니다. 수행자는 '라'를 마음속에 간직한 채 숨을 이 구역으로 이끌며, 네 개의 얼굴과 금빛 몸을 지닌 브라흐마를 묵상합니다.

물의 영역은 무릎에서 항문까지이며, 초승달 모양, 흰색, 그리고 씨음절 '바(Va)'로 나타납니다. 수행자는 '바'의 진동과 함께 숨을 물의 영역으로 끌어올리며, 네 개의 팔과 왕관을 지니고, 순수한 수정처럼 빛나는 색상에 주황색 옷을 입은, 쇠하지 않는 신 나라야나[43]를 명상합니다.

불의 영역은 항문에서 심장까지로, 삼각형 모양, 붉은색, 그리고 씨음절 '라(Ra)'와 연결됩니다. 수행자는 '라'로 밝게 빛나는 호흡을 따라 이 구역을 통과하며, 세 개의 눈과 원을 베푸는 손짓을 지닌, 정오의 태양처럼 빛나고 신성한 재를 온몸에 바른 루드라[44]를 묵상합니다.

공기의 영역은 심장에서 양 눈썹 사이의 중심까지입니다. 이 영역은

---

43) **나라야나**(Nārāyaṇa): 나라야나는 힌두교에서 우주의 보존자 비슈누(Viṣṇu)의 또 다른 이름으로, 모든 존재 속에 스며 있는 신성한 생명 원리를 상징한다. 그는 '물을 거닐며 모든 것 위에 존재하는 자'로 해석되며, 우주의 내적 생명과 질서 유지의 힘을 대표한다.(편집자 주)

44) **루드라**(Rudra): 루드라는 초기 베다 문헌에서 등장하는 파괴와 정화의 신적 힘으로, 후대의 시바(Śiva)로 통합되었다. '신성한 재(비부티)'를 온몸에 바른 루드라는 세속의 욕망과 환상을 태워 없애는 철저한 초월의 상징이며, 고통 속에서도 자각을 깨우는 진리의 힘으로 여겨진다.(편집자 주)

육각형 모양, 검은색, 그리고 씨음절 '야(Ya)'로 상징됩니다. 수행자는 숨을 이 구역으로 이끌며, 모든 방향에 얼굴을 지닌 전지전능한 이쉬와라[45]를 명상합니다.

에테르의 영역은 눈썹 사이에서 머리 꼭대기까지이며, 원형 모양, 흰회색빛, 그리고 씨음절 '하(Ha)'와 함께합니다. 수행자는 '하'를 실은 숨을 따라 이 에테르 영역을 지나며, 다음과 같은 모습의 사다시바[46]를 깊이 명상합니다.

- 행복을 주는 존재,
- 물방울(bindu) 모양의 형상,
- 위대한 신(Deva)으로서 에테르의 형체,
- 순수한 수정처럼 빛나고,
- 이마에 떠오르는 초승달을 이고 있으며,
- 다섯 개의 얼굴, 열 개의 손, 세 개의 눈을 가졌고,
- 온화한 미소와 함께 모든 무기를 들고, 온갖 장신구로 장식되어,
- 몸의 절반은 여신 우마(Uma)가 함께하고,
- 은혜를 베풀 준비가 되어 있으며,
- 모든 원인의 근원인 존재.

---

45) **이쉬와라(Īśvara):** 이쉬와라는 '주재자' 또는 '지배자'를 의미하며, 힌두 철학에서 전지전능한 우주의 주체로 나타난다. 모든 방향에 얼굴을 지닌 이쉬와라는 시공을 초월한 무한한 의식과 지혜, 즉 절대자(Parameśvara)로서, 만물 안에 동시에 존재하면서 모든 것을 꿰뚫어 보는 신성한 통일성을 상징한다.(편집자 주)

46) **사다시바(Sadāśiva):** 사다시바는 인도 철학과 탄트라 전통에서 최고의 신적 원리이자 의식의 근원을 상징하는 존재로, 창조·보존·파괴를 초월한 순수한 존재(śuddha tattva)를 나타낸다. 그는 흔히 고요하고 무변화한 상태의 시바 의식으로 묘사되며, 신지학적 맥락에서는 상위 차원에서의 통합된 신성의 표현 또는 의식 그 자체로 이해될 수 있다.(편집자 주)

이 수행은 호흡을 해당 부위에 실제로 전달하려는 목적보다는, 의식의 상징적 정렬과 내면의 집중을 돕기 위한 기억술적 도구(mnemonic device)의 성격이 강합니다. 수행자는 자신의 몸을 다섯 원소로 이루어진 우주의 축소판으로 여기며, 각 영역에 대응하는 신성을 떠올리고, 그를 통해 의식을 점차 높은 차원으로 상승시키려 합니다.

2) 상승을 막는 3가지 의식 매듭

심장 차크라의 중심에는 거꾸로 된 삼각형(trikona)이 그려져 있습니다. 이런 삼각형은 모든 차크라에 있는 것은 아니며, 오직 세 곳, 즉 뿌리 차크라(root), 심장 차크라(heart), 제3의 눈 차크라(brow)에만 나타납니다. 이 세 차크라에는 '그란티(granthi)' 또는 '매듭(knot)'이라 불리는 특별한 에너지의 얽힘이 존재하며, 쿤달리니(Kundalini)는 상승 여정에서 반드시 이 매듭들을 뚫고 올라가야 합니다.

명칭	위치	상징하는 의식 전환 단계
브라흐마의 매듭	뿌리 차크라	물질 중심의 의식에서 벗어남(개체성의 시작)
비슈누의 매듭	심장 차크라	개체적 자아에서 상위 자아로의 전환
시바의 매듭	제3의 눈 차크라	상위 자아에서 모나드(Monad)로의 초월

이러한 상징이 내포하는 의미는, 각 매듭을 돌파할 때마다 의식의 근본적인 전환이 일어난다는 것입니다. 즉, 쿤달리니가 차크라를 관통할 때 단순한 에너지 이동이 아니라, 개체성(personality)에서 상위 자아(higher self)로, 나아가 모나드(참나)로 존재의 중심이 전환되는 내적 사

건을 상징합니다. 다만 이러한 해석은 부분적으로만 적용될 수 있습니다. 왜냐하면 심장 차크라는 이미 상위 심령계(higher astral)로부터 인상을 받고 있고, 목 차크라는 정신계(mental plane)와 연결되어 있으며, 그 외 다른 차크라들도 각기 보다 높은 차원과의 통로로 기능하기 때문입니다. 즉, 매듭의 상징은 의식의 전환을 설명하는 데 도움이 되지만, 차크라의 실제 작용과 다차원적 연결성은 보다 복합적입니다.

각 차크라 안의 삼각형(trikona)은 그 안에 신성을 상징하는 형상 '링가(linga)'가 자리합니다. 링가는 문자 그대로 '결합의 도구'를 뜻하며, 여기서는 개체와 신성의 결합, 즉 자아와 절대자의 합일 상태를 상징합니다. 삼각형 안에서 위로 향한 '지바트마(Jīvātma, 살아 있는 자아)'는 등잔불처럼 가늘고 안정된 불꽃으로 묘사되는데, 이는 물질계의 혼란에 흔들리는 개체적 자아와 달리, 상위 자아는 평정과 통일성을 유지하고 있음을 나타냅니다.

3) 내면의 스승과 심장 명상

심장 차크라 바로 아래에 묘사된 두 번째 작은 연꽃은 이 차크라의 특별한 부속 구조 중 하나로 여겨집니다. 이 작은 연꽃은 주로 스승(Guru) 또는 수행자에게 배정되었거나 특히 끌리는 신성의 형상을 마음속에 떠올려 명상하는 자리로 사용됩니다. 수행자는 이 연꽃을 중심으로 아름답고 신성한 명상의 장면을 만들어 냅니다. 『게란다 삼히타(Gheranda Samhita)』에서는 그 장면을 다음과 같이 묘사합니다.

(1) 내면의 성소 시각화 의례

수행자는 먼저 자신의 가슴 속에 넥타르의 바다(불사의 영적 정수)가 있다고 상상합니다. 그리고 그 바다 한가운데에는 보석으로 이루어진 섬이 있고, 그 섬의 모래는 분말화된 다이아몬드와 루비입니다. 그 섬 주위에는 향기로운 꽃을 가득 품은 카담바(Kadamba) 나무들이 둘러싸고 있으며, 그 뒤에는 말라티, 말리카, 자티, 케사라, 참파카, 파리자타, 연꽃(파드마) 등의 꽃나무들이 성벽처럼 겹겹이 늘어서 있어 온 사방에 그 향기가 퍼져 있습니다. 이 정원의 중심에는 네 개의 가지를 가진 칼파 트리(Kalpa Tree, 소원 성취 나무)가 서 있으며, 이 네 가지는 베다(Veda) 네 권을 상징합니다. 이 나무에는 꽃과 열매가 풍성하고, 곁에서는 꿀벌들이 윙윙거리고, 뻐꾸기가 노래합니다. 그 나무 아래에는 보석으로 만든 화려한 제단(platform)이 있고, 그 위에는 보석이 박힌 고급 왕좌가 놓여 있습니다. 그리고 그 왕좌에는 스승이 가르쳐 준 특정 신성(Deity)이 앉아 있습니다. 수행자는 그 신성의 형상, 장신구, 탈것(운반 동물) 등을 그에 맞게 떠올리며 명상합니다.[47]

수행자는 이렇게 생생하게 장면을 상상하고 몰입함으로써, 일시적으로 외부 세계를 완전히 잊고, 깊은 내면의 연결 상태에 들어가게 됩니다. 그러나 이 과정은 단순한 상상이 아니라, 스승과 끊임없이 연결되는 실제적인 수행 수단입니다. 이는 다음과 같은 원리로 설명할 수 있습니다. 사후 천상계에 있는 사람은 다른 사람의 형상들을 만들어

---

47)   The Shiva Samhita, Chapter I, verses 2-8. Trans. Sris Chandra Vidyarnava.

낼 수 있습니다. 이렇게 만들어진 형체들은 해당 영혼들(Egos)에 의해 생명으로 채워집니다. 스승(Master)과 제자의 연결 과정 또한 이와 같습니다. 스승은 제자가 명상을 통해 만들어 낸 생각-에너지체(thought-form)에 스승 자신의 실제 임재를 채우는 것입니다.

(2) 내면의 스승과 연결

이러한 명상의 효과를 보여 주는 흥미로운 사례가 있습니다. 남인도 마드라스 주의 한 마을에서 요가 수행자로 살던 힌두 노인이 자신은 마스터 모리아(Master Morya)의 제자라고 주장했습니다. 모리아 스승이 남인도를 여행하던 중 그 마을을 방문했고, 이 노인은 그를 따라 수행자가 되었습니다. 이후 스승이 떠났음에도 그는 스승을 잃지 않았다고 말했습니다. 왜냐하면 스승은 자주 그에게 나타나 그의 내면의 중심을 통해 그를 가르쳤기 때문입니다.

힌두 전통에서는 스승의 존재를 절대적으로 중시합니다. 스승을 찾게 되면 스승에게 지극한 존경과 신성한 예우를 바칩니다. 『테조빈두 우파니샤드(Tejobindu Upanishad)』는 "모든 생각의 가장 끝에는 스승이 있다."라고 말합니다. 그리고 힌두 사상은 "신의 위대함을 아무리 상상해도, 스승의 완전함에는 미치지 못한다."라고 주장합니다. 이는 스승이 신과 같다는 의미가 아니라, 스승이 신성의 일부를 실현해 낸 존재이며, 수행자가 기존에 생각해 오던 신에 대한 개념을 훨씬 능가하는 자각 상태를 체현하고 있기 때문입니다.

(3) 심장 명상과 초감각 능력

『시바 삼히타(Shiva Samhita)』에서는 심장 차크라(Anahata Chakra)에 대한 명상을 통해 요기에게 다음과 같은 탁월한 능력들이 주어진다고 전합니다.

> "그 요기는 무한한 지식을 얻게 되며, 과거·현재·미래를 꿰뚫어 알게 된다. 투청력과 투시력을 갖추게 되고, 원할 때마다 공중을 걷는 능력도 갖게 된다. 그는 완성된 자들인 아뎁트(Adepts)들을 보게 되고, 요기니(Yoginis)로 불리는 여신적 존재들과도 교류하게 된다. 또한 그 요기는 의식이 공간을 초월하는 능력인 케차리(Khechari)라 불리는 힘을 얻고, 공중을 떠도는 존재들을 제압할 수 있게 된다. 숨겨진 바나링가[48]를 매일 명상하는 자는 의심할 여지 없이 케차리와 부차리[49]라고 불리는 초능력을 얻게 된다."[50]

다양한 능력에 대한 이러한 시적인 묘사에 대해서는 굳이 논평할 필요는 없습니다. 수행자라면 그 의미를 행간에서 읽어 낼 것입니다. 그럼에도 불구하고 이러한 진술의 문자 그대로의 의미에도 무언가가 있을 수 있습니다. 왜냐하면 인도에는 불을 걷는 인도 수행자들, 전설적인 로프 트릭(Rope Trick)을 실연하는 마술사들, 최면과 신체 제어 능력이 극도로 발달한 자들 등 실제로 과학적으로 설명되기 어려운 수행의 사례들이 존재하기 때문입니다.

---

48) **바나링가(Banalinga):** 자연에서 발견되는 상징적 시바의 형태로, 내면의 숨겨진 신성을 상징하는 명상의 대상이다.(편집자 주)

49) **부차리(Bhuchari):** 요가 수행을 통해 얻는 능력으로, 의식이 지리적 제약 없이 자유롭게 이동하는 힘을 뜻한다.(편집자 주)

50) The Shiva Samhita, V, 86–88.

4. 쿤달리니와 상승의 여정

1) 쿤달리니

힌두 요기들이 남긴 고전 문헌들은, 신체의 생리학적·해부학적 구조에는 크게 관심을 두지 않았습니다. 그들의 관심은 오직 명상을 실천하고 쿤달리니를 각성하여 의식을 고양하거나 보다 높은 차원으로 상승하는 것에 있었습니다. <u>이런 맥락에서 보면, 산스크리트 문헌에서 신체 표면에 있는 차크라에 대해서는 거의 언급이 없고, 대신 **척추 내부의 중심들과 그 통로를 따라 이동하는 쿤달리니에 대해 많은 설명**이 나오는 이유를 이해할 수 있습니다.</u>

쿤달리니는 다음과 같이 묘사됩니다.

번개처럼 빛나는 여신(데비, devi)이며, 뿌리 차크라(root chakra) 안에 잠든 채 존재합니다. 그녀(쿤달리니)는 그곳에 있는 스바얌부 링가(Svayambhu Linga)를 중심으로 세 바퀴 반 감겨 있는 뱀의 형상으로 누워 있고, 그 머리는 수슘나(Sushumna)라 불리는 중심 통로의 입구를 막고 있습니다.

이 책의 앞부분에서 언급했듯이, 일반적인 사람의 경우 쿤달리니 에너지의 여러 층 중 외곽 층[51]만이 활동하며 기본적인 생명 유지 기능을 수행합니다. 하지만 이러한 외곽 층 에너지가 모든 사람 안에서 활

---

[51] **외곽 층:** 쿤달리니 에너지가 감싸고 있는 동심원상의 여러 층 중 가장 바깥 부분을 지칭하며, 일반적인 사람에게서 활동하며 기본적인 생명 유지 기능을 수행하는 부분이다(책의 2장 내용 참조).(편집자 주)

동하고 있다는 사실이 힌두 문헌에서 명시적으로 강조되지는 않는 경우가 많습니다. 그럼에도 불구하고, "그녀(쿤달리니)는 잠들어 있으면서도 모든 호흡하는 존재들의 생명을 유지한다."[52]라는 문장에서 이 사실이 암시되어 있습니다. 그리고 그녀(쿤달리니)는 인간의 몸 안에서 샤브다 브라흐만[53]으로 불립니다. 샤브다(Shabda)는 '말씀' 또는 '소리'를 뜻합니다. 따라서 이는 로고스의 세 번째 원리[54]를 가리키는 표현입니다. 세계 창조의 과정에서 이 소리는 네 단계를 거쳐 나타났다고 전해집니다. 우리는 이 네 단계를 서양 철학에서 말하는 육체(body), 영혼(soul), 영(spirit)의 세 상태와, 네 번째 상태인 신성과의 합일이라는 개념과 연관시켜 이해할 수 있을 것입니다.

2) 쿤달리니의 각성

요기들의 수행 목적은 잠들어 있는 쿤달리니의 부분을 각성시킨 뒤, 그녀(쿤달리니)가 수슘나(Sushumna)라는 중심 통로를 따라 점진적으로 상승하게 하는 것입니다. 이를 위한 다양한 방법들이 제시되어 있으며, 그 방법은 ① 의지력의 집중, ② 특수한 호흡법(prāṇāyāma), ③ 만트라, ④ 신체 자세 및 특정한 움직임 등이 함께 제시됩니다.

---

52) The Serpent Power.

53) **샤브다 브라흐만(Shabda Brahman):** 소리로서의 브라흐만, 우주의 근원적인 진동 에너지 또는 말씀. 신지학에서는 로고스의 세 번째 원리, 즉 활동적인 우주적 생명력과 관련된다.(편집자 주)

54) **로고스의 세 번째 원리:** 우주를 창조하고 유지하는 근원적 신성인 로고스의 세 가지 원리 중 하나를 지칭한다. 이 원리는 주로 물질세계의 창조와 형태 부여(첫 번째 하강)와 관련되며, 이 책에서는 쿤달리니 에너지 및 인간 몸 안의 샤브다 브라흐만과 연관되어 설명된다.(편집자 주)

『시바 삼히타(Shiva Samhita)』에서는 이 목적에 가장 적합하다고 여겨지는 열 가지 무드라(mudrā)를 설명하며, 그 대부분은 위 모든 요소를 동시에 포함하고 있습니다. 이러한 방법 중 하나의 효과에 대해 아발론은 쿤달리니의 내부 층의 각성을 다음과 같이 묘사합니다.

> "몸속의 열기가 매우 강해지고, 쿤달리니는 그것을 느끼고 잠에서 깨어난다.
> 마치 막대기에 맞은 뱀이 쉭 소리를 내며 몸을 곧게 펴는 것처럼, 쿤달리니도
> 움직이기 시작한다. 그리고 그녀(쿤달리니)는 수슘나에 진입한다."[55]

일부 사례에서는, 쿤달리니가 의지적 수행 없이도, 즉 우연한 사고로 인해 각성된 경우도 있다고 전해집니다. 예를 들어, 캐나다에서 들은 한 사례에 따르면 어떤 여성이 집 지하실 계단에서 굴러 떨어졌고, 그녀는 일정 시간 동안 의식을 잃었다가 깨어났는데, 이후 타인의 생각을 읽고, 집 안 여러 방에서 일어나는 일을 투시할 수 있는 능력을 갖게 되었습니다. 이 투시력은 일시적인 것이 아니라, 이후에도 계속 유지되었다고 합니다. 이 사례에서 추정되는 것은, 그녀가 넘어질 때 척추 기저부에 정확히 특정 부위에 타격을 받음으로써, 쿤달리니가 부분적으로 충격을 받아 활동을 시작했을 가능성입니다. 물론 다른 어떤 중심이 그렇게 인위적으로 자극되었을 수도 있다고 추측할 수 있습니다.

---

55)　The Serpent Power.

일부 문헌에서는 쿤달리니를 먼저 각성시키지 않고 차크라에 대한 명상을 권장하기도 합니다. 이런 접근은 『가루다 푸라나(Garuda Purana)』의 다음 구절에 잘 나타나 있습니다.

"물라다라(뿌리), 스와디스타나(천골), 마니푸라카(태양신경총), 아나하타(심장), 비슈다(목), 그리고 아즈나(제3의 눈)는 여섯 차크라라고 불린다. 수행자는 이 차크라들에 순서대로 다음 존재들을 명상해야 한다: 가네샤(Gaṇeśa), 비디(Vidhi, 브라흐마), 비슈누(Viṣṇu), 시바(Śiva), 지바(Jīva, 살아 있는 자아), 구루(Guru), 그리고 만유에 충만한 파라브라흐만(절대자).

전심으로 마음을 흐트러뜨리지 않고 모든 차크라에 집중하며 내면으로 경건히 묵상한 뒤, 스승의 가르침에 따라 '아자파 가야트리56)'를 반복하라. 이어서, 정수리의 란드라57)에 거꾸로 핀 천엽 연꽃이 펼쳐진 자리를 떠올리고, 그 중심에 있는 함사58)' 안의 축복받은 스승을 명상한다. 스승의 연꽃 같은 손은 두려움을 없애 주며, 그 발에서 흘러내리는 불사의 정수로 자신의 온몸이 씻기고 있다고 상상하라.

다섯 가지 방식으로 예를 올리고, 스승을 찬미하며 절을 올리라. 그런 다음 그는 쿤달리니가 상하로 움직이며, 세 바퀴 반을 감은 채 여섯

56) **아자파-가야트리**(Ajapa-gayatri): '반복되지 않는 가야트리'라는 의미로, 숨을 들이쉬고 내쉬는 자연스러운 호흡 과정에서 저절로 울려 퍼지는 만트라이다. '소함(Soham)'이라는 소리로 인식되며, '나는 그이다'라는 함사의 의미와 연결되어 자아와 우주의 하나 됨을 나타낸다.(편집자 주)

57) **란드라**(Randhra): 머리 꼭대기에 있는 작은 구멍 또는 통로를 의미하며, 영적인 에너지나 의식이 드나드는 문으로 여겨진다. 요가 수행에서는 이곳을 통해 높은 차원의 의식과 연결될 수 있다고 본다.

58) **함사**(Hamsa): 산스크리트어로 '나는 그이다(I am That)'라는 의미를 지닌 신성한 새로, 아트만(Atman, 참자아) 또는 우주적인 영혼을 상징한다. 호흡과 함께 '함(Ham)'과 '사(Sa)' 소리가 반복되는 만트라로도 사용된다.(편집자 주)

차크라를 순회하는 상태를 명상해야 한다. 이어서, 수슘나(suṣumnā)라 불리는 경로를 명상하라. 이 수슘나는 정수리의 란드라(Randhra)를 통해 나아간다. 그리하면 그는 비슈누의 가장 높은 경지(Viṣṇu의 궁극 상태)에 이르게 될 것이다."[59]

3) 쿤달리니의 상승

고대 문헌에서는 쿤달리니(Kundalini)가 어떻게 수슘나(sushumnā) 경로를 따라 상승하는지를 명확히 설명하기보다는 암시적으로 표현합니다. 이러한 문헌들은 척추를 '창조의 중심축'으로 비유하며, '메루 산의 축봉'이라 부릅니다. 이 중심축 안에는 먼저 수슘나라는 주요 관이 있고, 그 안에는 또 다른 관인 바지리니[60]가 있으며, 그 중심에는 세 번째로 치트리니[61]라는 매우 가느다란 관이 자리 잡고 있습니다. 이 치트리니는 "거미줄처럼 가늘다."라고 묘사됩니다. 차크라들은 이 치트리니 관을 따라 대나무 마디처럼 일렬로 꿰어진 구조로 존재한다고 전합니다.

요기가 명상 중 의지를 집중하면, 쿤달리니는 이 치트리니 관을 따라 조금씩 점진적으로 상승하게 됩니다. 한 번의 명상으로는 많은 진전을 이루지 못하더라도, 반복되는 수행을 통해 점차 더 높은 위치로

---

59)   Garuda Purana, Chapter XV, verses 72, 76, and 83-87.
60)   **바지리니**(Vajrini): 수슘나(sushumnā) 내부에 존재하는 두 번째 미세한 관으로, 쿤달리니가 상승하는 내적 경로의 중간층이다.(편집자 주)
61)   **치트리니**(Chitrini): 바지리니 안에 있는 가장 가느다란 중심 관으로, 쿤달리니가 실제로 상승하는 핵심 경로이다.(편집자 주)

올라가게 됩니다. 그녀(쿤달리니)가 각 차크라에 도달하면, 그 차크라는 중심에서부터 뚫고 지나가는 듯한 변화를 겪게 됩니다. 그 꽃은 이전까지 아래로 접혀 있었던 연꽃처럼 닫혀 있다가, 쿤달리니가 지나가면서 위를 향해 활짝 펼쳐지게 됩니다.

명상이 끝나면, 수행자는 쿤달리니를 다시 뿌리 차크라(Muladhara)로 내려보냅니다. 다만 일부 경우에는 그녀(쿤달리니)를 심장 차크라까지만 되돌린 뒤, 그곳의 '자신의 방(chamber)'이라 불리는 공간에 머무르게 하기도 합니다.[62] 또 몇몇 문헌에서는 쿤달리니가 태양신경총 차크라(navel chakra)에 머문다고 전합니다. 우리는 일반적인 사람들에게서 쿤달리니가 그곳에 있는 것을 본 적은 없지만, 이러한 진술은 과거에 쿤달리니를 각성한 이들의 경우, 일종의 잔여 에너지(serpent-fire의 흔적)가 그 중심에 남아 있을 가능성을 시사하는 것으로 보입니다.

앞에서 언급한 여러 명상 과정에서는, 쿤달리니가 각 차크라에 들어갔다가 나올 때, 그 중심의 심리적 기능들을 잠재 상태로 되돌린다고 설명됩니다. 이러한 상태의 소멸과 통합을 뜻하기에 '라야(laya)'라는 용어가 사용됩니다. 그녀(쿤달리니)가 차크라에 도달할 때마다 생명 에너지와 의식의 강도가 크게 증폭되지만, 쿤달리니의 근본 목적은 가장 높은 중심, 즉 크라운 차크라(Sahasrara)에 도달하는 것입니다. 이곳

---

62) See The Voice of the Silence, Fragment 1.

에서 쿤달리니는 자신의 궁극적 주인인 파라마시바[63]와 하나가 되는 기쁨, 즉 신성과의 합일의 황홀함(bliss of union)을 누리게 됩니다. 그 후 쿤달리니가 다시 하강할 때에는, 그녀가 지나왔던 각 차크라에 그 고유한 능력들을 훨씬 향상된 상태로 되돌려 줍니다.

이 모든 설명은, 깊은 명상 수행자가 반드시 거치게 되는 일종의 '부분적 트랜스 상태(partial trance)'를 묘사한 것입니다. 우리가 고양된 주제에 집중하여 깊이 명상할 때, 자연스럽게 주변의 소리나 시각적 자극은 일시적으로 의식에서 사라지게 되기 때문입니다. 아발론(Avalon)은 쿤달리니를 크라운 차크라(Sahasrara)까지 끌어올리는 데에는 일반적으로 수년에 걸친 꾸준한 수행이 필요하다고 말합니다. 다만, 예외적인 경우에는 짧은 시간 안에 이룰 수도 있다고 덧붙입니다. 수행이 거듭될수록 숙련도도 높아져, 숙련된 요기는 1시간 이내에 쿤달리니를 상승시켰다가 다시 하강시키는 것도 가능하다고 전해지며, 물론 그는 크라운 차크라에서 원하는 만큼 머무를 자유를 가지고 있습니다.

일부 저자들은 쿤달리니가 몸 안에서 상승할 때, 그녀(쿤달리니)가 지나간 신체 부위가 차가워진다고 말합니다. 이 현상은 장시간 트랜스 상태에 들어가는 특수한 수행법에서는 실제로 나타나기도 하지만, 일반적인 쿤달리니 수행에서는 해당되지 않습니다. 『비밀의 교리(The

---

63) **파라마시바(Paramashiva):** 파라마시바는 모든 의식과 존재의 근원인 절대적 신성을 뜻하며, 쿤달리니가 최종적으로 합일하는 궁극적 자아 또는 우주의 근원 의식을 상징한다.(편집자 주)

Secret Doctrine)』에서 블라바츠키(Madame Blavatsky)는 캘커타 인근의 한 섬에서 발견된 요기의 사례를 인용합니다. 그는 너무 오랜 시간 동안 트랜스 상태로 앉아 있었기에, 그의 몸을 감싸고 나무뿌리가 자라 있었고, 결국 그를 나무에서 떼어 내기 위해 뿌리를 자르고 꺼내었지만, 그를 깨우는 과정에서 지나친 자극이 가해져, 그는 결국 그 자리에서 사망했습니다. 또 다른 사례는 알라하바드 인근의 한 요기입니다. 그는 무려 53년 동안 돌 위에서 명상 수행을 지속했으며, 그의 제자들은 매일 밤 그를 강물에 씻긴 뒤 다시 제자리에 올려놓았습니다. 낮 동안에는 때때로 그의 의식이 물질계로 돌아오기도 했으며, 그때는 말을 하거나 가르침을 전했다고 합니다.[64]

4) 쿤달리니의 목적

『샷차크라 니루파나(Shatchakra Nirūpana)』의 마지막 구절은 쿤달리니의 순례의 결론을 다음과 같이 아름답게 묘사합니다.

순수한 사뜨바(Shuddha-sattva)이신 여신(데비)은 세 개의 링가(Linga)를 꿰뚫습니다. 그리고 브라흐마나다의 연꽃이라 불리는 모든 차크라에 도달한 후, 그곳에서 찬란한 광채를 머금고 빛납니다. 그 후, 그녀(쿤달리니)는 미세한 상태로, 번갯불처럼 빛나고 연꽃 섬유처럼 가늘게 됩니다. 이 상태로 불꽃처럼 타오르는 시바(Shiva), 곧 최고의 지복(Supreme Bliss)을 향해 나아가 순간적으로 해탈의 기쁨(bliss of Liberation)을 일으

---

64)   The Secret Doctrine, Vol. V, p.544.

킵니다.

아름다운 쿤달리니는 파라 시바(Para Shiva)로부터 흘러나오는 탁월한 붉은 감로수를 마십니다. 그리고 영원하고 초월적인 기쁨이 찬란하게 빛나는 그 자리로부터 쿨라(Kula)의 길을 따라 다시 돌아와 뿌리 차크라(Muladhara)에 들어갑니다. 마음의 안정을 얻은 요기는 구루의 전통을 통해 얻은 지식인 브라흐만다의 그릇에 담긴 천상의 감로수 흐름으로 여섯 차크라의 이쉬타-데바타(Ishta-devata)와 다키니 등의 데바타들에게 공양을 올립니다.

만약 자신의 스승(Guru)의 연꽃 발에 헌신하며, 흔들림 없는 마음과 집중된 의식을 갖춘 어떤 요기가 해탈의 지식의 최고 원천이며, 흠 없고 순수하며 가장 비밀스러운 교법인 이 책을 읽는다면, 그는 반드시 자신의 이슈타데바타[65]의 발아래서 춤추듯 기뻐하는 마음을 얻을 것입니다.[66]

---

65) **이슈타데바타(Ishta-devata):** 힌두교에서 수행자가 개인적으로 숭배 대상으로 삼는 주된 신 또는 신의 형상을 지칭한다.(편집자 주)

66) Shatchakra Nirūpaṇa, vv. 51, 53, 55.

5. 결어

힌두 전통에서도 우리와 마찬가지로 라야 요가의 성취는 모든 요가 체계의 방법을 통해 도달 가능하다고 여깁니다. 인도의 일곱 수행 전통과, 서구의 수행자들 중 이 길을 바르게 이해하는 이들은 모두 인간 존재의 최고 목적을 향해 나아가고 있습니다. 그 목적이란 단지 해탈(Moksha)을 넘어서, 신과의 합일뿐 아니라 각 차원에서 신성을 수행하는 자, 곧 아디카리 푸루샤(Adhikārī Puruṣa, 신성한 사역자)로서의 능력과 역할을 함께 포함하는 더 높은 자유입니다. 이들은 인류 전체를 고통에서 끌어올리고, 우리 모두에게 예정된 빛과 행복의 미래를 향해 하늘의 일에 봉사하는 이들입니다.

‖ ॐ ऐ क्लीं स्त्रीं ‖

OM, AIM, KLIM, STRIM
옴 아이임 클리임 스트리임

"우주의 근원이여,
지혜가 깨어나 사랑과 하나 되고,
생명의 빛이 피어나게 하소서."

2부

쿤달리니 각성법

제1장 쿤달리니 각성과 내면의 준비

1. 쿤달리니 각성의 전제와 경고

　C. W. 리드비터는 『차크라(The Chakras)』에서 쿤달리니를 "불꽃 같은 힘"이자 "자연의 위대한 기본 에너지 중 하나"로 묘사하며, 이 힘이 각성될 경우 인간의 의식, 감정, 육체, 심령체 전체에 걸쳐 깊은 변화와 개화를 가져올 수 있다고 설명합니다. 그는 쿤달리니가 뿌리 차크라(Muladhara)에 잠들어 있으며, 수행을 통해 이것을 깨어나게 하면 수슘나(Sushumna)라는 중심 경로를 따라 상승하게 된다고 말합니다. 하지만 그는 동시에 다음과 같은 경고를 남깁니다.

> "나는 이 쿤달리니를 어떻게 각성시키는지에 대해서는 일체 설명하지 않겠습니다. 또한 이 힘이 각성되었을 때 어떤 순서로 각 차크라를 통과해야 하는지도 언급하지 않겠습니다. 왜냐하면 이러한 시도는 반드시 스승(Master)의 명확한 지시에 따라 이루어져야 하며, 그 실험의 모든 단계 동안 스승이 제자를 보호하고 지도하게 될 것이기 때문입니다."

즉, 쿤달리니의 각성은 단순한 기술이나 호기심의 결과가 아니라, 반드시 영적인 준비를 마친 수행자가 스승의 인도 아래에서 이루어져야 한다는 것입니다. 그럼에도 불구하고, 리드비터는 독자적인 수행자와 영적 탐구자들이 참고할 수 있을 정도로 상당히 구체적인 단서와 구조적 설명을 남겨 놓았습니다. 그가 언급한 쿤달리니 각성의 기본 요소는 다음과 같습니다.

리드비터가 언급한 쿤달리니 각성의 기본 요소

- 의지의 집중(Willpower): 내면의 에너지를 통제하고 상승시키는 핵심 열쇠
- 호흡 조절(프라나야마): 생명 에너지의 흐름을 정밀하게 다루는 호흡법
- 만트라의 반복: 특정한 진동을 유도하여 에너지 중심을 자극
- 아사나/무드라: 에너지를 통제하는 몸과 손의 자세
- 명상/시각화: 차크라에 상응하는 원리들을 시각화하여 의식을 끌어올림

또한 리드비터는 인도 고전인 『시바 삼히타』에서 설명된 '10개의 무드라' 수행법이 쿤달리니를 자극하는 데 매우 효과적인 전통적 방법으로 주목받는다고 소개합니다. 하지만 중요한 점은, 리드비터가 이 모든 수단을 소개하면서도 그 실제 적용은 내면적으로 준비된 자에게만 허용되어야 한다는 전제를 끝까지 유지했다는 사실입니다.

2. 쿤달리니 각성을 위한 내면의 준비

그렇다면 수행자가 내면적으로 준비되었다는 것은 과연 어떤 상태를 의미할까요? 쿤달리니 각성을 위한 진정한 준비란 단순한 명상 시

간이나 의식적 결심 그 이상을 요구합니다. 이는 자기 인격의 정화, 잠재의식의 정돈, 그리고 사랑과 이성에 기초한 삶의 실천을 포함한 근본적인 내적 변화를 뜻합니다.

이러한 맥락에서, 현대 영적 스승 다스칼로스(Stylianos Atteshlis)의 가르침은 리드비터가 말한 "내면의 준비"를 매우 구체적으로 실천할 수 있도록 안내합니다. 키프로스 출신의 신비가이자 치유자였던 그는 유년기부터 초감각적 인식 능력을 지니고 있었으며, 생애 동안 수많은 사람들에게 기적적인 치유와 영적 지침을 제공해 왔습니다. 특히 그는 물질계를 초월한 세계들과의 접촉하여 직접 경험하고 이를 통해 심오한 통찰을 나누었습니다. 다스칼로스는 스승[67]을 만나는 일은 단순히 외부 인물과의 만남이 아니라, 내면 깊은 곳에서 진정한 자기(상위자아)를 발견하고 지도를 받는 과정이라고 강조합니다. 이를 위해 다스칼로스는 하루에 한 번씩의 자기 관찰과 정직한 자기분석을 통해 수행자는 자신의 내면과 조화롭게 연결될 수 있으며, 바로 그 지점에서 진정한 영적 여정이 시작된다고 말합니다.

---

67) 여기서 '스승'은 단지 육체적 존재에 국한되지 않는다. 리드비터는 내면의 중심을 통해 스승이 직접 가르침을 주는 '실제적 현존'을 언급하며, 이는 스승의 물리적 부재와 관계없이 지속되는 내면의 연결을 의미한다. 이는 힌두 전통에서도 '구루는 신성의 완성된 표현'이라는 믿음과 맥을 같이한다.

1) 잠재의식 정화와 자기 관찰

(1) 잠재의식과 자기 관찰

이제 우리는 리드비터가 말한 "내면의 준비"라는 조건을 구체적이고 실천 가능한 방식으로 다스칼로스의 가르침을 통해 살펴보고자 합니다. 다스칼로스는 다음과 같이 말합니다.

"모든 전통과 시대의 입문자들의 핵심 도구이자 가장 기본적인 수행은 일상적인 내면의 자기 관찰입니다. 내면의 자기 관찰은 현재 인격의 속성을 탐구하는 것으로, 현재 인격이 그 자체로 그리고 다른 사람들과의 관계 속에서 어떻게 표현되는지를 살펴보는 것입니다.

우리의 현재 인격은 곧, 우리가 스스로 만들어 낸 생각들이나, 주위의 집단 무의식(생각-에너지체의 집합) 속에서 받아들인 생각-에너지체들의 총합입니다. 생각-에너지체는 우리의 성격에 동화되어 우리의 기질을 형성합니다. 현재 인격의 함양은 우리가 전생에서 가지고 있는 특성과 성향으로 태어나기 전부터 시작됩니다. 인격은 평생 동안 모든 경험을 통해 계속 발전하며, 일부 문제를 해결하는 동시에 이번 생과 앞으로의 삶을 위한 다른 장해물을 만듭니다.

우리의 생각과 활동의 80%는 잠재의식적인 욕망과 필요에 의해 움직입니다. 우리는 욕망의 기원을 거의 알지 못하지만, 욕망은 우리가 경험하는 많은 것을 지배하고, 우리가 삶을 얼마나 즐기거나 고통받는지를 결정합니다. 이러한 필요와 욕망은 사실 생각-에너지체들의 집합체이며, 우리는 그들의 성취 욕구를 충족시키기 위한 행동을 할 때마다 에테르 생명력으로 그들을 먹여 살립니다.

우리는 잠재의식이 '나쁘다'거나 '좋다'고 말할 수는 없습니다. 대부분의 사람들에게 잠재의식은 둘 다 조금씩 가지고 있기 때문입니다. 잠재의식은 불가피하면서도 귀중한 존재이며, 당신이 잠재의식을 성령의 지성을 표현하도록 허용할 때는 가장 친한 친구가 될 수 있지만, 그것이 저급한 욕망과 억제되지 않은 감정에 의해 지배될 때는 최악의 적이 될 수 있습니다.

...

스승들도 잠재의식을 가지고 있습니다. 하지만 스승들의 경우 잠재의식이 자의식에 비해 차지하는 비중이 우리보다 작고, 그들의 잠재의식에는 사랑과 연민의 속성이 심어져 있습니다. 만약 우리가 평범한 사람의 잠재의식을 혼란스러운 정글에 비유한다면, 더 진화된 인간들은 잠재의식을 고요한 초원으로 가꾸어 왔습니다. 정원사가 정원을 돌보면 정원은 정원사를 돌볼 것입니다."[68]

(2) 잠재의식 정화와 의식 확장

"내면의 자기 관찰은 우리의 동기와 행동을 더 잘 인식할 수 있도록 잠재의식을 자의식에 드러내려는 진지한 노력입니다. 그것은 우리 자신을 더 잘 알고 우리가 생각하고, 느끼고, 욕망하고, 행동하는 것에 대해 더 큰 통제력을 갖기 위해 잠재의식을 정화하는 과정입니다. 우리는 우리의 인격을 구성하는 생각-에너지체가 사랑, 이성, 올바른 생각에 의해 지배되도록 노력해야 합니다.

자기 관찰은 우리를 현재 인격의 좁은 범위에서 벗어나 확장된 의식 상태로 이끌 것입니다. 우리의 하위 인격은 영원한 인격(상위 자아)의 현명한 날개 아래로 이동할 것이지만, 저항 없이는 아닐 것입니다.

---

68) Stylianos Atteshlis, 『THE ESOTERIC PRACTICE』(The Stoa Series, 1994), pp.106-107.

이기심은 교활하며 '빛의 천사'로 가장하여 우리의 노력을 좌절시키려 할 것임을 기억하세요. 그러니 우리는 경계해야 합니다. 특정 수련과 향상된 이해를 통해 우리는 잠재의식을 정화할 뿐만 아니라 공간을 정리하여 로고스와 성령이 거룩한 인격을 통해 자신을 표현할 수 있는 적합한 집을 만들 것입니다.

우리가 인격에서 부정적 생각-에너지체들을 제거하고 에너지를 잃게 할 때, 결과적으로 생기는 '공백'을 건전한 생각-에너지체들로 채우는 데 주의를 기울여야 합니다. 생각-에너지체들은 인격 내에서 서로 섬세한 균형을 이루고 있으며, 어떤 구조 조정도 천천히 그리고 확실하게 이루어져야 합니다. 이것이 지속적인 영적 발전에는 시간이 걸리는 이유입니다. 인격은 좋든 나쁘든 신중하게 구축된 것입니다. 그래서 우리가 매일 하는 자기 관찰은 신성한 계획에 자각적으로 참여하기 위해 현재의 자아를 개선하는 안전한 접근 방식입니다."[69]

2) 내면 수행의 구체적 방법

"한 가지 덧붙일 것은, 사람은 깨어서 일상생활 속에 빠져 있을 때보다 잠잘 때에 자신이 만든 생각-에너지체의 영향을 받기가 더욱 쉽다는 것입니다. 여러분은 자신이 많은 욕망을 갖고 있으며 깨어 있는 동안은 잊고 있던 것들이 잠들기 직전이나 잠들어 있는 동안에 되살아난다는 것을 알게 될 것입니다. 과거에 만들어졌던 생각-에너지체와 자신의 자아로부터 공격을 당하게 되는 것은 이렇게 감수성이 예민해지는 때입니다. 이러한 이유로 입문자들은 중요한 수행 중의 하나로서 매일 밤 잠들기 전에 몇 분씩 자기분석을 위한 시간을 가져야만 하는 것입니다. 잠이 들려고 하는 바로 그 순간이 자신의 욕망과 생각에 대해 예민해지고

---

69) Stylianos Atteshlis, 위의 책, p.108.

무방비 상태가 되는 시간입니다. 이때는 기억의 밑바닥에 가라앉아 있는 생각과 욕망들을 끌어올리기가 쉽게 됩니다. 그러므로 그것들을 파헤쳐서 밝혀내기가 용이한 시간이 바로 잠들기 직전 시간입니다."[70]

(그래서) "매일 밤, 잠자리에 들기 직전(잠재의식이 더 열려 있을 때), 완전히 긴장을 풀고 숨을 깊고 천천히 들이마시세요. 잠시 후에 침대에 누워 있거나 앉아서 하루를 처음부터 끝까지 회상하기 시작하세요. 하루 동안의 사건과 만남을 되돌아보면서 자신과 타인에 대한 완전한 관용과 관대함으로 스스로에게 물어보세요.

* 내가 생각하거나 느끼지 말았어야 할 것을 생각하거나 느꼈습니까?
* 내가 생각하거나 느꼈어야 할 것을 생각하거나 느끼지 않았습니까?
* 내가 말하지 말았어야 할 것을 말했습니까?
* 내가 말했어야 할 것을 말하지 않았습니까?
* 내가 하지 말았어야 할 일을 했습니까?
* 내가 했어야 할 일을 하지 않았습니까?

이것의 목적은 자신이나 타인을 꾸짖거나 칭찬하는 것이 아니라, 공정한 관찰자로서 자신의 활동을 탐구하는 것입니다. 자신의 행동을 교정하기 위해 노력하세요. 시간이 지남에 따라 자신을 더 잘 보는 능력이 향상될 것이며, 이에 따라 도덕적, 영적, 신비로운 삶이 더욱 빠르게 성장하는 것을 발견하게 될 것입니다."[71]

---

70) 키리아코스 C. 마르키데스, 『지중해의 성자 다스칼로스 1』(이균형 역, 정신세계사, 2007), p.78.
      * 이하 키리아코스 C. 마르키데스는 마르키데스로, 『지중해의 성자 다스칼로스 1, 2, 3』은 『다스 칼로스 1, 2, 3』으로 줄여 표기한다.
71) Stylianos Atteshlis, 『THE ESOTERIC PRACTICE』, 앞의 책, p.109.

(이렇게) "내면을 들여다보는 동안, 우리는 또한 헌신적으로 자기분석을 수행해야 합니다. 우리는 우리의 행동을 관찰하고 왜 그런 행동을 하는지 그 이유를 발견해야 합니다. 만약 우리가 어떤 심각한(나쁘다고 말하지는 말자) 행동을 한 후에 왜 그렇게 행동했는지 자문한다면, '사탄도 자기를 광명의 천사로 가장하나니'(고린도후서 11:14)라는 놀라운 설명을 내놓으며 매우 교묘하게 변명하려는 현재의 인격의 이기주의를 관찰할 수 있습니다. 그 순간, 우리는 혼자서 명상하고 그러한 행동의 진짜 이유를 찾아내야 합니다. 우리의 하위 인격의 항의에 침묵해야 합니다. 우리는 마치 부정적인 생각, 감정, 행동을 만들어 낸 것이 우리 자신이 아니라 다른 누군가인 것처럼 관찰하고 판단해야 합니다(객관적으로 자기 자신을 관찰하라는 의미).

우리는 다른 불순한 동기가 있었는지, 혹은 우리의 인격을 만족시키기 위해 무언가를 했는지 스스로에게 물어봐야 합니다. 우리는 우리의 인격과 그 모든 행동을 의도적으로 검토하는 것부터 시작해야 합니다. 그러면 우리는 전체 상황을 이성의 빛으로 보기 시작하고 현상 뒤에 숨은 원인을 파악할 것입니다. 이 작업에는 완전한 정직함이 필요합니다. 처음에는 어렵지만 결국에는 큰 행복과 만족을 가져다줍니다. 왜냐하면 우리 곁에는 저항하는 인격뿐만 아니라 우리의 진정한 자아(내면의 신성)도 우리를 인도하고 지도하기 때문입니다."[72]

3) 내면 수행을 통해 얻게 되는 능력들

"지금 우리가 서 있는 곳에서 우리는 우리 자신과 행동, 생각을 잠재의식적으로 보게 됩니다. 나중에, 어느 정도 시간이 지나고 우리의 행동이 개선됨에 따라, 우리는 의식적으로 우리 자신을 볼 것이고,

---

72) Stylianos Atteshlis, 『THE ESOTERIC TEACHINGS』(The Stoa Series, 1992), pp.173-174.

우리의 감정을 통제하고 올바른 결정을 내릴 수 있게 되어 의지의 세계로 더 깊이 들어갈 것입니다. 이 시점에서, 우리가 생각을 제대로 사용할 수 있을 때, 우리는 비록 정의할 수 없는 방식이지만 처음으로 자아, 즉 '나는 나다.'라는 것을 느낍니다. 우리는 우리의 영원한 자아에 들어가기 시작하고 더 큰 이해와 경험을 향해 나아갑니다.

이 순간부터 우리는 물질 육체의 에테르체와 우리 주변의 모든 것을 자유자재로 사용할 수 있습니다. 이는 내면의 신성인 영혼이 권능을 가지고 있기 때문입니다. 우리의 현재 인격은 그 나약함과 감정의 격렬함으로 인해 이러한 능력이 없습니다. 우리가 신성한 생각의 선물을 올바르게 사용하고 자기분석을 통해 우리 활동의 정당성을 자각할 때, 우리의 기쁨은 큽니다. 우리 안에는 다양한 감정들이 소용돌이치고 있으며, 우리는 이를 이해하고 통제하려고 노력해야 합니다. 우리는 각 욕망의 정확한 강도와 그것을 충족시킬 가능성을 알게 될 것입니다. 이러한 방식으로, 특정 강도의 욕망을 제쳐 두고, 우리는 더 넓은 발전의 순환 안에서 우리의 위치를 확보하고 더 광범위한 수련을 위한 조건을 만듭니다.

욕망은(성취를 목표로 하는) 생각-에너지체의 형태로 심령-이지적 실체의 투영이기 때문에, 인간은 시공간 세계에 있는 한 끊임없이 욕망에 시달립니다. 만약 우리가 이러한 욕망의 생각-에너지체에 집중한다면, 그것들은 더 많은 심령-이지적 물질로 풍부해져 성취될 때까지 점점 더 강해집니다. 반면에, 우리가 올바른 생각에 따라 그것(욕망)들을 밀어낸다면, 물론 그것들은 계속해서 돌아오겠지만, 매번 우리는 내면의 자아의 존재에서 흘러나오는 올바른 반응을 일으키기가 더 쉬워질 것입니다. 더 좋은 방법은 처음부터 우리의 욕망을 통제해, 나중에 무력화하기 어려울 수 있는 위협적인 생각-에너지체의 생성을 막는 것입니다.

우리는 내면의 신성인 영혼에 대한 경외심을 길러야 합니다. 그래야만 길을 잃기 쉬운 현재 인격에 대한 통제와 감독이 영혼으로부터 흘러나올 수 있습니다. 이렇게 하면 … 우리는 주변 환경에 대한 심령-이지적인 지배력을 얻고, 그때까지 불가능하다고 여겼던 것들을 행하고 이해할 수 있게 될 것입니다. 예를 들어, 우리는 다른 사람들의 생각을 읽고 누군가가 거짓말을 할 때 쉽게 알아차릴 수 있게 될 것입니다. 그러나 이것이 우리에게 동료 인간의 인격을 침해할 권리를 주는 것은 아닙니다. 우리는 분명히 그 힘을 가지고 있지만, 그 힘을 무분별하게 사용할 권리는 없습니다. 우리가 힘을 얻을 때마다 새로운 유혹이 우리 곁에 생겨나기 때문에 우리가 올바른 길을 가고 있는지, 위험한 길로 빠지지 않았는지 확인하기 위해 큰 주의를 기울여야 합니다.

이제 우리의 내면의 신성인 영혼이 수면으로 올라와서 그 표현을 알고 통제합니다. 조금씩 추론하는 주체가 현재의 인격만이 아니라, 우리 내면의 자아를 통해 우리 자신이라는 것이 분명해집니다. 이것이 대체로 명상의 본질입니다.

…

내면을 들여다봄으로써, 잠자는 동안의 존재하지 않는다는 느낌이 점차 사라집니다. 우리는 물질 몸이 잠자는 동안에도 자각하는 영혼으로서 활동할 수 있게 됩니다. 언젠가 우리는 심령계가 우리에게 열려 있고, 우리가 그 안에서 마땅히 행동하며 자유롭게 움직일 수 있다는 것을 큰 기쁨으로 깨닫게 될 것입니다. 이런 방식으로 우리는 초의식적인 자기 인식에 들어가고, 3차원 물질계에 살면서도 동시에 서로 멀리 떨어진 여러 장소에 존재하며 인상을 받고 도움을 줄 수 있습니다. 일반적인 인간의 인식 범위를 벗어나는 힘과 능력이 개발됩니다. 따라서 초의식적 자기 인식을 부여받은 사람은, 예를 들어 수업을 하는 등 정상적인 활동을 하면서도, 생각의 흐름을 방해하지 않고 동시에 수 킬로미터 떨어져 있는 다른 사람과 완벽하게 두 상황을 통제하며 대화할 수 있습니다.

우리의 인격이 영원한 인격(상위 자아)의 지도 아래 수행하는 위대한 일 중 하나는, 우리를 생각과 감정의 신성한 선물을 받을 자격을 갖추도록 만드는 것입니다.

...

올바른 생각과 명상을 통해 우리는 개인적인 목표에 의해 결정되는 자기 반영적 사랑(이기심이 사랑에 반영되는)을 구별하고 이를 무조건적이고 보편적이며 불멸하는 진정한 사랑으로 대체하여 '썩을 것이 썩지 아니함을 입고 죽을 것이 죽지 아니함을 입는'(고린도전서 15:53) 과정에 동참할 수 있습니다."[73]

---

73) Stylianos Atteshlis, 위의 책, pp.174-178.

제2장

다스칼로스의
쿤달리니 해설

1. 쿤달리니의 본질과 상징

이처럼 내면을 정화하고 인격을 성숙시키는 일은 단순히 도덕적인 삶을 위한 준비가 아닙니다. 그것은 우리 안에 잠들어 있는 신성한 에너지, 곧 쿤달리니의 각성을 위한 가장 중요한 전제 조건이기도 합니다. 다스칼로스는 쿤달리니를 단순한 신비로운 에너지로 묘사하는 데 그치지 않고, 그것이 실제로 깨어날 때 어떤 현상이 발생하는지, 그리고 이 강력한 힘을 어떻게 준비된 자만이 안전하게 다룰 수 있는지를 구체적으로 설명합니다.

이제 우리는 그의 통찰을 바탕으로, 쿤달리니의 본질과 그 각성이 인간 존재에 불러오는 심오한 변화들에 대해 살펴보려 합니다. 다스칼로스는 쿤달리니가 각성되면, 일반적인 의식을 지닌 사람들에게는 기적처럼 보이는 비범한 일들을 해낼 수 있는 능력이 발현된다고 말합니다.

쿤달리니는 흔히 '신성한 뱀'으로 비유됩니다. 이는 그 모습이 뱀처럼 보이기 때문입니다. 이 뱀의 꼬리는 척추의 기저부, 곧 천골에 위치한 신성한 중추에 닿아 있으며, 그곳에는 성령과 다양한 존재들, 즉 신성한 법칙들이 지키는 거대한 에너지가 잠들어 있다고 설명됩니다. 이 '신성한 불'은 뱀이 척추를 일곱 번 휘감으며 위로 올라가듯 상승하고, 그 빛은 생식기에 에너지를 공급하며, 또 어느 정도는 골수를 통해 신체의 모든 장기에 활력을 불어넣습니다.[74]

사전적으로 쿤달리니(Kundalini)는 산스크리트어로 "똘똘 감겨진 것"을 뜻합니다. 다스칼로스는 이 에너지를 '신성한 불'로 표현했습니다. 쿤달리니는 인체의 에너지체, 곧 에테르체에 겹쳐 존재하며, 천골 부위에 깊이 잠든 형태로 존재합니다. 이는 보통 남성적 생식력의 상징인 링감(Lingam)을 세 바퀴 반 감고 있는 뱀으로 묘사되곤 합니다.

평소에는 깊이 잠들어 있는 이 에너지는, 명상이나 특정 수련, 혹은 영적 스승의 인도, 또는 설명할 수 없는 어떤 내적·우주적 계기를 통해 깨어날 수 있습니다. 깨어난 쿤달리니는 '샥티(Shakti)'라고 불리며, 이는 인체의 미세한 기도(氣道)를 따라 상승하면서 오랜 시간 축적된 내면의 상흔을 정화하고, 각 차크라라고 불리는 심령 에너지 중추들을 활성시킵니다.

---

74) 마르키데스, 『다스칼로스 2』(이균형 역. 정신세계사. 2007), p.132.

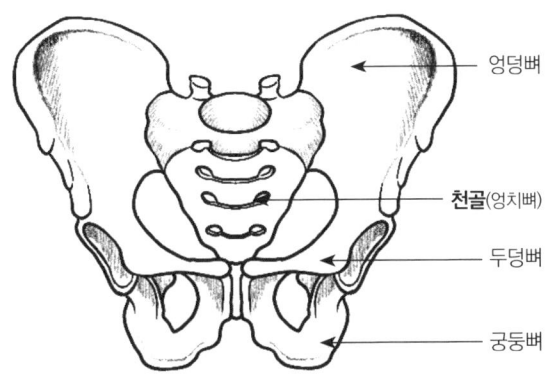

엉덩뼈

천골(엉치뼈)

두덩뼈

궁둥뼈

도해 11. 쿤달리니 에너지 자리, 골반 중심 구조도

2. 차크라의 구조 및 기능

1) 주요 차크라의 특징

다스칼로스는 인체의 에테르체에서 회전하는 원반처럼 보이는 여러 개의 에너지 중추들을 가지고 있다고 가르쳤습니다. 인체는 이 에너지 중추들, 곧 힌두교 신비주의에서 '차크라'라고 불리는 기관들을 통해 우주로부터 에테르 생명력을 흡수합니다. 그는 이 차크라들을 여는 것이 모든 신비가들의 궁극적인 목표이며, 투시 능력이나 심령 능력을 계발하기 위한 필수 전제 조건이라고 강조합니다.

표 8. 전통 요가에 기반한 주요 차크라 특성

	위치	색상	소리 진동	특징
크라운 차크라 (Sahasrara)	정수리	보라색 or 백색	무음	신성과의 합일, 깨달음
제3의 눈 차크라 (Ajna)	미간 사이	남색 or 보라색	옴(AUM)	직관, 통찰력, 영적 인식
목 차크라 (Vishuddha)	목, 성대 부위	파란색	함(HAM)	의사소통, 진리 인식
심장 차크라 (Anahata)	가슴 중앙	초록색	얌(YAM)	사랑, 연민, 용서, 조화
태양신경총 차크라 (Manipura)	배꼽 위, 명치 부근	노란색	람(RAM)	감정, 욕망, 의지, 자기 주권
천골 차크라 (Svadhisthana)	배꼽 아래, 치골 부근	주황색	밤(VAM)	창조성, 성적 에너지, 감각적 흐름
뿌리 차크라 (Muladhara)	척추 기저, 회음부	빨간색	람(LAM)	생존 본능, 육체 에너지, 쿤달리니의 저장소

2) 차크라와 의식 확장

(1) 차크라의 회전 방향과 심리 상태

다스칼로스는 천천히 말을 꺼냈다

"에테르체에서 가장 중요한 두 개의 중추인 제3의 눈 차크라와 크라운 차크라는 각각의 뇌엽과 소뇌 사이, 두뇌 중심부 가까이에 위치해 있습니다. 이 중 크라운 차크라는 두개골 꼭대기 위 약 17cm 정도 떨어진 위치에 있으며, 정상적인 상태에서는 시계 방향으로 회전합니다. 이것이 차크라들의 기본적인 회전 방향이지요. 그러나 각 사람의 정신적, 감정적 상태에 따라 이 차크라가 반대 방향으로 회전할 수도 있습니다. 이러한 역회전은 그 사람의 사고방식이나 생활태도가 혼란스럽고 일관성이 없을 때 발생합니다. 예컨대, 감정적으로 쉽게 격해지고 분노, 증오 같은 파괴적인 감정에 자주 휩쓸리는 사람들은 차크라가 시계 반대 방향으로 회전합니다. 이런 순간에는 이성적 사고 능력도 거의 사라지게 됩니다. 반면, 마음이 가라앉고 이성적인 사고가 회복되면 차크라도 다시 정상적인 방향으로 돌아오게 됩니다. 그러나 어떤 사람들은 차크라가 거의 항상 반시계 방향으로 도는 경우도 있습니다. 이들은 가슴 깊숙한 곳에 선의나 자비가 결여되어 있으며, 지속적인 증오와 공격성, 사악한 의도에 사로잡혀 살아갑니다."[75]

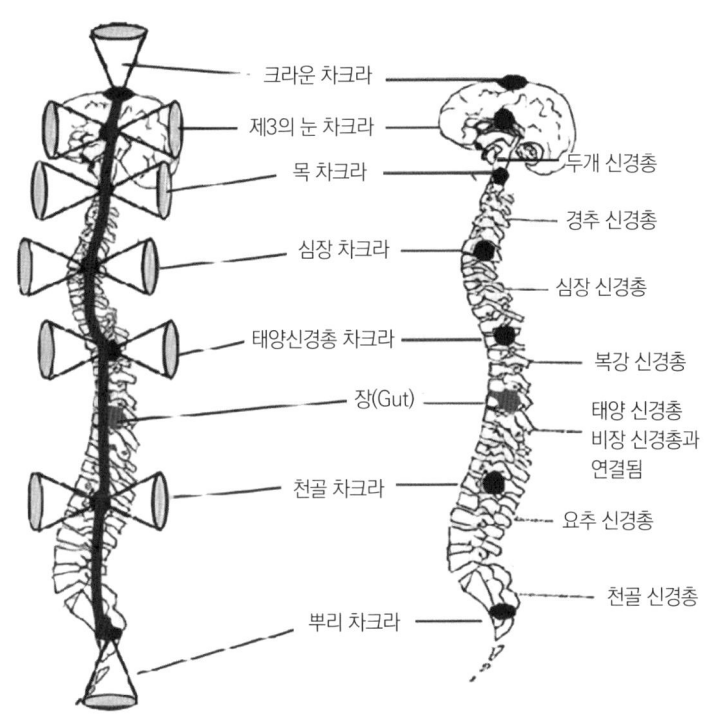

도해 12. 주요 차크라와 신경총의 대응 구조도

75) 마르키데스, 위의 책, p.126.

(2) 의식 확장과 생명 차크라의 구분

"태양신경총과 심장 차크라는 우리에게 '생명'이라는 현상을 가능하게 하는 주요 기관들입니다. 특히 심장 차크라는 태어난 이후부터 폐의 운동에 에너지를 공급하는 중요한 역할도 맡고 있습니다. 이 두 차크라는 자아를 인식하는 현재 인격과는 별개의 존재로, 전지한 성령의 직접적인 지배를 받습니다. 성령은 이 두 차크라를 통해 신체의 생리적 기능을 유지시키며, 우리 존재의 생명력 그 자체를 유지하게 합니다. 반면, 머리 부위에 위치한 두 개의 차크라인 제3의 눈과 크라운 차크라는 인격의 발달에 깊이 관여합니다. 이를 통해 우리는 자아를 인식하고 생각할 수 있는 능력을 갖추게 됩니다. 두 눈 사이, 코가 끝나는 지점에 위치한 제3의 눈 차크라는 많은 꽃잎을 가진 회전하는 꽃처럼 보입니다. 그리고 그 위에 있는 크라운 차크라는 무수한 꽃잎을 지닌, 순백의 연꽃처럼 빛나며, 태어날 때부터 비교적 크기가 큽니다."[76]

(3) 차크라의 움직임과 인격의 상태

"머리의 차크라는 성령이 지배하는 심장이나 태양신경총의 차크라와는 달리, 인격의 발달에 따라서 움직임이 변화해 갑니다. 즉, 가슴과 아랫배의 차크라는 성령이 지배하기 때문에 자아를 의식하는 인격은 이들의 움직임에 직접적인 역할을 하지 않습니다."

"그런데 크라운 차크라가 한 번도 정상적이고 조화롭게 운동하지 않는 가운데 일평생을 사는 사람도 있을 수 있습니다. 이것은 그 사람이 지상의 물질적인 존재 차원에 너무나 깊이 빠져 있을 경우에 일어나는 현상입니다. 나는 이 차크라가 거의 움직이지 않는 많은 사람들을 보았습니다. … 이런 세속적인 사람들에게는 이 차크라는 위축된 채

---

76) 마르키데스, 위의 책, p.128.

남아 있습니다. 그것은 그가 세상에 태어날 때와 똑같은 크기를 그대로 유지하고 있습니다."

"이 신성한 차크라의 발달은 그 사람의 자아의식, 그의 사고방식을 다루는 방식 등에 의해 좌우됩니다. 그 사람이 생각의 힘을 올바로 사용하면 그것이 커지고 조화롭게 움직이기 시작합니다."[77]

3. 상위 차크라의 개발

1) 크라운 차크라의 개발

"크라운 차크라는 집중하는 명상법을 적절히 수행함으로써 개발될 수 있습니다. 하지만 **크라운 차크라를 일부러 의식적으로 개발시키려고 하지 않았는데 저절로 개발되는 수도 있습니다. 때로는 이것이 더 바람직한 방법일 수 있습니다.** 그런 것이 존재한다는 사실조차 모르고, 그것을 열고 개발시키려고 일부러 애쓰지도 않고 다만 인격과 이성과 관찰력과 자기규율로써 이 차크라를 발달시킨 사람들이 있습니다. 이와 반대로 동양의 책들을 통해 이 차크라에 대해서 배운 수행자들도 있습니다. 그들은 수행을 통해서 이 차크라가 움직이게 하고 열리게 할 수 있습니다. 하지만 그들이 자신의 인격도 함께 성숙시키지 않는다면 크게 이루지 못할 것입니다. 사실 미숙한 상태에서 차크라가 열리게 하면 자신의 현재 인격에 손상을 입힐 수 있습니다. <u>이 차크라를 발달시키는 가장 안전한 방법은 자기분석과 이성과 올바른 생활을 통한 것입니다.</u> **수행자가 명상과 자기분석을 적절히 조화시켜 실**

---

77) 마르키데스, 위의 책, pp.129-130.

천한다면 그 결과는 대단할 것입니다."[78]

2) 제3의 눈 개발법

"제3의 눈 차크라와 크라운 차크라는 서로 영향을 미치며 연결되어
있다는 점을 주목하십시오. 이 차크라가 나오는 중추들은 서로 맞닿아
있습니다. 실제로는 이들은 두뇌 속의 송과체에서 나옵니다. 예를 들어
보겠습니다. 본다는 것은 제3의 눈 차크라를 통해서 가능해집니다.
내가 '본다'고 말할 때 그것은 보통의 시력으로써 보는 것뿐만 아니라
투시력을 통해 보는 것까지도 포함합니다. 자, 우리가 어떤 것에 대해
생각하지 않고 '보는' 것이 가능합니까? 불가능하지요. 그러므로 이 두
차크라는 두뇌 속 송과체를 통해 서로 연결되어 있는 것입니다."

"제3의 눈 차크라는 거울과도 같습니다. 보통 사람에게는 이 거울이
에테르의 안개로 가려져 있어서 상을 제대로 비추어 주지 못합니다. 보통
사람은 태어날 때부터 이러합니다. 대부분의 사람들에게 이 거울은 결코
깨끗해지지 않습니다. 그들은 자신의 주의를 어떻게 집중시키는지를
배우려고 하지 않습니다. 그러므로 이 차크라가 제대로 기능을 다하게
만드는 방법은 마음을 집중시키는 힘을 기르는 것입니다. 즉, **마음속에
이미지를 하나 떠올리고 그것을 일정 시간동안 흐트러뜨림 없이 그대로
유지시키는 방법입니다. 마음을 집중시키는 이 연습**을 하면 이 차크라의
표면이 맑아져서 이미지를 제대로 비춰 낼 것입니다. 이 중추를 올바로
사용하는 것은 그의 자아를 의식하는 현재 인격이 얼마나 성숙한가에
달려 있습니다."

"이 거울이 발달하고 깨끗해지면 그것은 외부로부터 오는 이미지뿐만

---

78)   마르키데스, 위의 책, p.130.

아니라 차크라의 중추, 곧 내면으로부터 오는 이미지까지도 비추어 내기 시작할 것입니다. 투시가 가능해지기 시작하는 것이 바로 이 시점인 것입니다. 투시 상태에서는 평소의 시력은 일시적으로 회수되고 내부로부터의 집중이 시작됩니다. 그러면 투시가는 마치 텔레비전 카메라처럼 지구상 모든 곳, 혹은 심령계의 어떤 곳에서건 이미지를 받아들이게 됩니다. 이 단계에서 비로소 '실재'라는 것이 무엇인지를 이해할 수 있는 위치에 서게 됩니다."

"시력과 투시력이 지식과 이해로 변할 때 우리는 크라운 차크라가 조화롭게 움직이고 열리는 것을 발견할 수 있습니다. 그리하여 계속 발전해 가면 사마디(Samadhi) 상태에 들어서게 되는데, 이때는 제3의 눈 차크라는 거의 아무런 역할도 하지 않게 됩니다. 모든 것을 지배하는 것은 크라운 차크라입니다. 사마디 상태에서는 신성과, 그리고 더 높은 세계와 합일되고 일종의 투시를 경험합니다. … (그리고) 이것은 쿤달리니(신성한 불)가 각성될 때 일어납니다."[79]

---

79) 마르키데스, 위의 책, pp.130-131.

제3장

쿤달리니 각성법

1. 신비의 문을 열기 전에

다스칼로스에 따르면, 차크라를 여는 것은 모든 신비가들의 궁극적 목표지만, 인격이 충분히 성숙되지 않은 상태에서 무리하게 열 경우 심각한 부작용이 발생할 수 있습니다. 예컨대 심령계의 목소리를 실제로 오인해 환청에 시달리거나, 타인의 영혼에 빙의되는 등 정신적·심령적 혼란을 겪을 수 있습니다. 이런 경우, 인격이 손상되거나 심리적 불균형이 발생하게 되며, 영적인 감수성 역시 크게 위축될 수 있습니다. 다스칼로스는 가장 안전한 방법으로 자기 분석, 이성적 사고, 그리고 올바른 생활 방식을 통해 인격을 충분히 정비한 뒤, 차크라 개방을 시도할 것을 강조합니다. 또한, 차크라가 닫혀 있는 상태 자체가 일종의 보호장치이기도 하며, 무리하게 개방될 경우 감정과 정신의 균형이 무너질 위험이 크다는 점도 덧붙입니다. 이와 관련하여, 애니 베전트에 이어 신지학회의 제3대 회장이자 깊은 영적 통찰을 지닌 신비가였던 조지 아룬데일[80]은 쿤달리니 각성의 위험성과 그에 따르는 자격에 대해 다음과 같이 경고합니다.

이제 그 위험의 성격을 살펴보겠습니다. 가장 먼저, 그리고 가장 중요한 것은 성적 자극으로 인한 위험입니다. 이로 인해 준비되지 않은 사람은 성 집착을 통해 생명력을 소진하게 될 수 있습니다. 이러한 경로를 따라가다 보면, 정신적 균형이 무너지는 결과에 이르게 됩니다. … 성의 신성을 경외하며 접근할 줄 아는 사람만이, 그 이후에 주어지는 쿤달리니의 선물도 안전하게, 그리고 유익하게 다룰 수 있는 자격이 주어집니다. 검증받고 신뢰할 수 있는 자만이 쿤달리니를 다룰 수 있는 것입니다. 두 번째로는, 신체 각 부위의 에너지 중심들을 무분별하게 자극함으로써, 신체의 리듬과 균형이 깨질 위험이 존재합니다. 예컨대, 심장에 가해지는 무리, 태양신경총(solar plexus)을 통한 신경계의 손상, 또는 이로 인한 만성 질환, 뇌 기능의 쇠퇴, 나아가 정신적 불안정과 파탄에 이르기까지, 전반적인 신체적 붕괴로 이어질 수 있습니다.

---

80) **조지 아룬데일**(George Arundale, 1878~1945): 영국 출신의 신지학자이자 교육자, 신비주의자. 애니 베전트의 뒤를 이어 신지학회의 제3대 국제 회장으로 활동했으며, 인도에서의 교육 개혁과 영적 지도자 양성에 기여했다. 쿤달리니와 영적 각성에 관한 깊은 통찰을 나눈 인물로, 신비주의적 경험과 동양의 영성 전통을 서구에 소개하는 데 중요한 역할을 했다.

검증된 수행자의 조건

이러한 위험들은 다음과 같은 조건을 갖춘 사람에게는 충분히 피할
수 있습니다.

- 매우 건강한 신체를 지닌 사람
- 이미 자기 통제력을 충분히 훈련한 사람
- 조용하고 명확한 사고를 하는 사람
- 편협한 사고에 빠지지 않는 사람
- 성적 충동에 종속되지 않은 사람

기억해야 할 것은, 아무리 외부로부터 쿤달리니의 각성을 돕는 지
원을 받는다 하더라도, 그 실질적 발전은 전적으로 개인 자신에게 달
려 있다는 점입니다. 그는 반드시 자신에게 나타나는 여러 증상들을
주의 깊게 관찰하고 조절해야 합니다. 그 방법은 어떻게 알 수 있을
까요? 준비가 된 사람이라면 스스로 알게 됩니다. 이 지점에서 더 이상
의 지침은 필요하지 않습니다. 왜냐하면 쿤달리니의 각성에 준비가 된
자는, 자연스럽고 직관적으로 자신이 무엇을 해야 할지 알게 되며, 또
한 지혜로운 이들로부터의 내적 인도와 도움을 얻게 되기 때문입니다.[81]

2. 현대적 쿤달리니 각성 방법

쿤달리니 각성은 인간의 정신과 신체에 막대한 영향을 미치는 고도
의 내면 작업입니다. 최근에는 이러한 내적 변화를 현대 과학의 언어
로 설명하려는 시도도 활발해지고 있습니다. 그 대표적 인물이 신경

---

81) G. S. Arundale, 『Kundalini』(신지학출판사, 1938), pp.18-20.

과학자 조 디스펜자[82]입니다.

디스펜자는 수많은 실험과 명상 워크숍을 통해, 쿤달리니 에너지의 각성이 단순한 신비 체험이 아니라 신체 생리와 전자기장, 뇌 기능의 변화를 동반한 과학적 현상임을 밝혀내고자 했습니다. 그는 요가의 전통적 기법인 호흡 제어(프라나야마)와 에너지 잠금(반다)을 통해 뇌척수액의 흐름이 유도되고, 송과체가 활성화되며, 그 결과로 의식의 확장이 일어나는 과정을 생리학적으로 설명합니다.

이러한 접근은 쿤달리니를 더 이상 '알 수 없는 신비의 힘'으로 바라보지 않고, '정밀한 내적 기술에 기반한 의식 진화의 과정'으로 재정의하게 합니다. 이제 우리는 전통 요가의 본질과 현대 과학의 통찰이 어우러진 수행법을 통해, 우리 안에 잠든 신성한 에너지를 더욱 의식적으로, 그리고 깊은 내면의 준비를 바탕으로 일깨울 수 있습니다.

---

82) **조 디스펜자**(Dr. Joe Dispenza): 신경과학자이자 연구자로, 고대 명상 원리를 신경과학, 후성유전학 등 최신 과학과 결합하여 생각이 인간의 신체와 현실을 변화시킬 수 있음을 과학적으로 증명하는 데 헌신한다. 그의 가르침은 척추뼈 6개가 부러지는 심각한 사고 경험에서 비롯되었다. 당시 의사들은 대수술 없이는 평생 전신 마비로 살아야 한다고 진단했지만, 그는 이를 거부하고 내면의 치유력을 믿었다. 매일 2~3시간씩 자신의 척추가 완벽히 재건되는 모습을 집중적으로 명상하고 시각화한 결과, 10주 만에 다시 걷고 12주 후 완전히 회복했다. 이 기적적인 회복 경험은 그의 삶의 전환점이 되었으며, 이후 자신의 체험을 과학적으로 규명하고 워크숍에서 참가자들의 생리적 변화를 데이터로 입증하며 명상의 힘을 세상에 알리고 있다.

도해 13. 프라나 관[83]

디스펜자가 호흡 명상을 지도할 때 종종 듣는 질문 중 하나는 "프라나 관이 전혀 느껴지지 않아요."라는 말입니다. 이에 대해 그는 이렇게 설명합니다. "그럴 수밖에 없습니다. 우리는 평소에 왼쪽 귀에 주의를 기울이지 않기 때문에, 그 부위를 거의 의식하지 못합니다. 마찬가지로, 척수를 따라 프라나 에너지를 끌어올리려면 먼저 그 부위에 집중하고, 의도적으로 근육을 수축해 에너지를 위쪽으로 밀어 올려야 합니다. 그때부터 비로소 프라나 관이 강해지기 시작합니다."

---

83) **프라나 관(Prāṇa Nāḍī):** 프라나 관은 생명 에너지인 프라나가 흐르는 미세한 에너지 통로(나디, nāḍī) 가운데 하나를 지칭하는 표현이다. 일반적으로 이 말은 척추를 따라 곧게 흐르는 중심 통로인 수슘나 나디(Suṣumnā Nāḍī)를 가리키며, 쿤달리니 에너지가 상승하는 주요 경로로 간주된다.

여기서 말하는 호흡은 단순한 수동적 호흡이 아닙니다. 이는 지극히 의도적이며 능동적인 에너지 상승의 행위입니다. 몇 년, 어쩌면 몇십 년 동안 깊숙이 잠들어 있던 에너지를 일깨우려면 강한 의지와 집중력이 필수적입니다.[84] 마치 로켓이 중력을 뚫고 우주로 날아오르기 위해 가장 많은 에너지를 초기 상승에 쓰는 것처럼, 우리 몸의 아래쪽 세 에너지 센터(뿌리, 천골, 태양신경총)로부터 에너지를 위로 끌어올리기 위해서는 큰 노력이 필요합니다. … 이 에너지가 도달해야 할 최종 목표는 머리 정수리, 즉 크라운 차크라입니다.[85]

이러한 원리를 바탕으로 쿤달리니 각성 수행법은 두 개의 핵심적인 수련을 통해 체계적으로 이루어집니다. 이 둘은 별개의 것이 아니라, 서로를 보완하고 심화시키는 관계에 있습니다. 하나는 각 에너지 센터를 활성화하는 '차크라 명상' 다른 하나는 신성한 에너지를 척추를 따라 정수리까지 끌어올리는 '호흡 명상'입니다.

① 차크라 명상은 첫 번째 차크라부터 일곱 번째 차크라까지 차례로 집중하여 각 차크라의 막힌 곳을 정화하고 잠재력을 일깨우는 방식입니다. 이때 각 차크라 간의 연결이 형성되면서 점차 더 넓고 강력한 에너지장이 만들어집니다.

② 호흡 명상은 뿌리 차크라에 잠들어 있는 쿤달리니 에너지를 의식

---

84) 조 디스펜자, 『당신도 초자연적이 될 수 있다』(추미란, 샨티, 2019), pp.216-217.
85) 조 디스펜자, 위의 책, p.400.

적 호흡과 근육 수축을 통해 크라운 차크라로 끌어올리는 수행입니다.

3. 차크라 활성화 명상

내면의 준비에 이어 쿤달리니 수행의 첫 단계는 차크라 활성화 명상입니다. 이는 각 에너지 센터에 의식을 집중하고 소리 진동(만트라)과 시각화를 통해 잠들어 있던 에너지를 깨우는 작업입니다. 차크라 명상은 다음의 두 단계로 나눕니다.

1) 준비와 환경 조성

차크라 명상을 시작하기 전, 먼저 마음과 몸, 그리고 외부 환경을 정비하는 것이 필수입니다.

조용하고 방해받지 않는 공간을 선택하고, 편안한 옷을 입은 상태에서 척추를 곧게 펴고 앉거나 누워 줍니다. 눈을 감고 몇 차례 깊고 천천히 숨을 들이마시고 내쉬며, 몸과 마음을 이완시킵니다. 긴장이 풀리면 의식을 천천히 가슴 중심(심장 차크라)으로 이동시켜 봅니다.

이때 중요한 것은 '의도하기'입니다.
"나의 쿤달리니가 안전하고 조화롭게 각성되기를 바랍니다."
"내 안의 신성한 에너지가 인격과 함께 조화롭게 깨어나기를 바랍니다."
이와 같은 마음속 다짐은 당신의 내면 에너지 흐름을 위한 방향 설정이자, 심리적 안정과 집중을 돕는 출발점입니다.

명상 음악이나 향기, 조명 등을 활용하여 고양된 감정을 불러일으키고, 차분하면서도 생동감 있는 명상 상태를 유지하도록 돕는 것도 좋습니다.

강조하지만 쿤달리니 명상은 한두 번의 수행으로 완성되지 않습니다. 꾸준한 연습과 함께, 감정의 조율과 균형 잡힌 내면 상태, 그리고 진실된 자기관찰이 병행될 때, 비로소 차크라의 문은 부드럽고 안전하게 열릴 수 있습니다.

2) 차크라 활성화 명상법

준비가 되었다면, 척추를 따라 자리한 각 차크라에 의식을 집중하고, 해당하는 씨앗 소리(Seed Mantra)의 진동과 색깔의 시각화, 그리고 각 차크라의 특성을 느끼는 과정을 통해 에너지를 활성화합니다. 각 차크라의 씨앗 소리(만트라)는 특정 주파수를 가지고 있어 해당 차크라의 에너지를 공명시키고 활성화하는 데 강력한 도구입니다. 정확한 발음과 진동을 느끼기 위해 유튜브에서 "Chakra seed mantra chanting" 또는 "Chakra sound frequency meditation" 등의 키워드로 검색하여 해당 차크라에 적합한 명상 음원을 참고하는 것이 매우 유용합니다.

(1) 뿌리 차크라의 활성화

의식을 척추 끝부분으로 가져가세요. 깊게 숨을 들이쉬고, 내쉬면서 'LAM(람)'을 천천히 발음합니다. 소리의 진동이 회음부와 척추 기저부에 울려 퍼지는 것을 느껴 보세요. 이 부위에서 강렬하고 따뜻한 붉은색 에너지가 회전하거나 빛나는 모습을 상상합니다. 지구의 중심과 연결되어 깊은 안정감과 뿌리내림이 전신으로 퍼져 나가는 것을 느껴 봅니다. (만트라 5~7회 반복 또는 1~2분 집중)

(2) 천골 차크라의 활성화

의식을 배꼽 아래 천골 부위로 옮겨 갑니다. 깊게 숨을 들이쉬고, 내쉬면서 'VAM(밤)'을 천천히 발음합니다. 소리의 진동이 이 부위에 퍼지는 것을 느끼세요. 밝은 주황색 빛이 부드럽게 소용돌이치거나 파동처럼 퍼져 나가는 모습을 상상합니다. 내 안의 창조적인 에너지와 감정의 물결이 부드럽고 조화롭게 흐르는 것을 느껴 보세요. (만트라 5~7회 반복 또는 1~2분 집중)

(3) 태양신경총 차크라의 활성화

의식을 명치 부근 태양신경총으로 가져갑니다. 깊게 숨을 들이쉬고, 내쉬면서 'RAM(람)'을 천천히 발음합니다. 소리의 진동이 복부 중앙에 울림을 주는 것을 느껴 보세요. 밝고 타오르는 듯한 노란색 빛이 강력하게 회전하거나 태양처럼 빛나는 모습을 상상합니다. 내 안의 힘과 용기, 자신감이 차오르고 내면의 주도성과 자기 확신이 선명해지는 것을 느껴봅니다. (만트라 5~7회 반복 또는 1~2분 집중)

(4) 심장 차크라의 활성화

의식을 가슴 중앙, 심장 차크라로 가져갑니다. 깊게 숨을 들이쉬고, 내쉬면서 'YAM(얌)'을 부드럽게 발음합니다. 소리의 진동이 가슴 전체로 퍼져 나가는 것을 느껴 보세요. 부드러운 녹색 또는 분홍색 빛이 가슴에서 사방으로 퍼져 나가며 당신의 존재를 감싸는 모습을 상상합니다. 조건 없는 사랑, 연민, 평화의 에너지가 가슴을 채우고 넘치는 것을 느껴 봅니다. (만트라 5~7회 반복 또는 1~2분 집중)

(5) 목 차크라의 활성화

의식을 목 중앙으로 가져갑니다. 깊게 숨을 들이쉬고, 내쉬면서 'HAM(함)'을 천천히 발음합니다. 소리의 진동이 목과 인후 부위에 울리는 것을 느껴 보세요. 맑고 투명한 하늘색 빛이 흐르거나 부드럽게 진동하는 모습을 상상합니다. 명확하고 진실된 소통의 에너지가 목을 통해 자유롭게 흐르고, 당신의 목소리가 자신감 있고 분명해지는 것을 느껴 봅니다. (만트라 5~7회 반복 또는 1~2분 집중)

(6) 제3의 눈 차크라의 활성화

의식을 미간 중앙, 제3의 눈으로 가져갑니다. 깊게 숨을 들이쉬고, 내쉬면서 'OM(옴)'을 천천히 발음합니다. 소리의 진동이 머리 중앙과 미간에 집중되는 것을 느껴 보세요. 깊은 남색 빛이 부드럽게 회전하거나 내면의 눈을 뜨는 모습을 상상합니다. 직관과 통찰력이 깨어나고, 세상과 자신을 더 깊이 이해하는 지혜가 차오르는 것을 느껴 봅니다. (만트라 5~7회 반복 또는 1~2분 집중)

(7) 크라운 차크라의 활성화

의식을 머리 꼭대기, 크라운 차크라로 가져갑니다. 깊게 숨을 들이쉬고, 내쉬면서 'OM(옴)'을 부드럽게 발음하거나, 혹은 소리 없이 내면의 침묵 속으로 들어갑니다. 정수리에서 찬란한 보라색 또는 흰색 빛의 연꽃이 활짝 피어나거나, 밝은 빛의 기둥이 하늘과 연결되는 모습을 상상합니다. 개별적인 자아를 넘어선 우주적 의식과 하나 되는 깊은 평화, 연결감을 느껴 봅니다. (만트라 5~7회 반복 또는 1~2분 집중)

이제 모든 차크라가 조화롭게 깨어난 상태에서, 뿌리 차크라부터 크라운 차크라까지 에너지가 척추를 따라 자연스럽게 상승하는 모습을 시각화하세요. 무지개처럼 다양한 색의 에너지가 서로 융합되며, 온몸을 정화하고 채워 가는 감각을 느껴 봅니다. 이 상태는 곧 쿤달리니 에너지를 끌어올릴 준비가 되었음을 의미합니다.

4. 쿤달리니 호흡 명상

1) 불꽃을 깨우는 핵심

이 단계는 차크라 명상을 통해 에너지 중심들을 활성화한 뒤, 의식적으로 쿤달리니 에너지가 척추 경로를 따라 상승하도록 유도하는 과정입니다. 본격적인 에너지 상승을 위한 호흡 수행에 들어가기 전, 조지 아룬데일의 쿤달리니 각성 경험을 되새겨 볼 필요가 있습니다. 그는 이 체험을 다음과 같이 서술하였습니다.

척추 밑바닥에는 하나의 구형 구조물이 있으며, 그 안에 쿤달리니 불꽃이 구형으로 말려 있는 상태로 존재합니다. **이 구체 즉 그 안에 잠들어 있는 불꽃에 집중함으로써** 불꽃은 서서히 깨어나기 시작합니다. ··· 만일 쿤달리니의 깨어남이 올바른 방향으로 일어난다면, 불꽃 자체의 마찰과 작용으로 인해 구체는 점차 해체되기 시작합니다. 이 불꽃은 점차 밝은 열기로 부채질되어 활력을 얻고, 자신을 둘러싼 물질을 뚫고 나아가 그것을 태워 버립니다. 그 결과, 평소에는 어슴푸레 빛나던 구체가 사방으로 빛과 열을 발산하는 찬란한 태양처럼 바뀌게 됩니다. 이때 방사되는 열은 육체 주변에서 실제로 감각될 정도로 강력합니다.

이 '쿤달리니 태양'은, 빠르게 움직일 경우 척추를 따라 총알이 총신을 지나가듯 위로 돌진하는 양상을 보이기도 합니다. 그 움직임에는 나선형의 특성이 있는 듯합니다. 어쨌든 그것은 머리 꼭대기를 넘어서진 않으며, 대신 그 사람의 '레이(Ray)'에 따라 특정한 중심(센터)을 강하게 자극하게 됩니다. 그 감각은 마치 안쪽에서 강한 압력이 밀어 올라오는 듯한 느낌이며, 특히 머리 위의 중심에서는 이례적으로 강한 열이 느껴지게 됩니다.[86]

여기서 말하는 척추 밑바닥의 '구형 구조물'은 물질 육체에 존재하는 물리적 기관이 아니라, 에테르체와 심령체 수준의 미세한 차원에 속한 구조를 의미한다는 점을 분명히 인식해야 합니다. **쿤달리니의 각**

---

86)   G. S. Arundale, 『Kundalini』(신지학출판사, 1938), pp.42-43.

성과 상승은 곧, 이 미세차원에 존재하는 쿤달리니 에너지를 의지력, 즉 심상화와 집중을 통해 의식적으로 상행시키는 과정을 의미합니다.

2) 쿤달리니 호흡 명상의 실행

이러한 이해를 바탕으로, 이제 쿤달리니라는 신성한 내면의 불을 일깨워 상승시키는 본격적인 호흡 수련으로 나아가겠습니다.

지금부터 진행될 수행법은 수천 년 동안 이어져 온 요가 과학의 핵심 원리인 에너지 잠금(Bandha), 호흡 제어(Pranayama), 차크라 체계(Chakra)를 통합하여, 우리 안에 잠든 생명 에너지를 깨어나게 하고, 이를 척추 중심에 있는 생명의 중심 통로(수슘나 나디)를 따라 위로 끌어올리는 것을 목표로 합니다.

따라서 이 수련은 단순한 호흡 기법을 넘어, 의식을 더 높은 차원으로 상승시키는 깊은 영적 작업이라 할 수 있습니다. 아울러 조 디스펜자와 같은 현대 연구자들이 밝혀낸 신경생리학적 원리와도 깊은 공명을 이루며, 고대의 지혜가 어떻게 실제로 신체와 의식의 변화를 이끌어내는지를 잘 보여줍니다. 이제, 몸과 마음을 정갈히 하고 경건한 자세로 수련을 시작합니다.

준비 자세: 척추를 바르게 세우고 편안하게 앉습니다. 가부좌나 반가부좌가 좋지만, 의자에 앉아도 무방합니다. 눈을 감고 자신의 호흡

에 잠시 집중하여 마음을 가라앉힙니다.

(1) 1단계: 뿌리 잠그기

회음부(골반저)의 근육을 위로 끌어올리듯 단단히 조입니다. 이때 호흡은 멈추지 말고 자연스럽게 유지합니다. 근육을 최대한 수축한 채로 약 5초간 유지한 뒤, 수축할 때보다 더 천천히 이완합니다. 이 수축 행법이 바로 '뿌리 잠금'(물라 반다)입니다. 이제 다른 모든 생각은 내려놓고, 오직 회음부 근육의 미세한 감각에만 의식을 집중하십시오. 이 과정을 총 3회 반복하며, 뿌리 차크라에 잠재된 생명력이 깨어나는 것을 느껴봅니다.

(2) 2단계: 복부 잠그기

* 하복부: 먼저 '뿌리 잠금'을 한 상태에서, 배꼽 아래 하복부, 즉 천골 차크라 영역을 척추 쪽으로 부드럽게 당겨 조입니다. 두 개의 잠금을 동시에 유지하며 5초간 머무른 뒤, 천천히 함께 이완합니다. 이 과정을 총 3회 반복합니다.

* 상복부: 이제 '뿌리 잠금'과 하복부 수축을 유지한 채, 윗배, 즉 태양신경총 차크라 영역까지 척추 쪽으로 당겨 위로 끌어올리듯 조입니다. 이것이 '복부 잠금'(우디야나 반다)의 완성입니다. 아래 세 개의 에너지 센터가 단단히 잠기는 것을 느끼며 5초간 유지합니다. 이 과정을 총 3회 반복하되, 매회 조금 더 깊고 안정적인 잠금을 시도합니다.

이 모든 과정에서 호흡은 자연스럽게 이루어져야 합니다. 이 수련은 아래쪽 에너지 센터들의 중심을 단련하며, 내면의 불이 상승할 신성한 통로를 정화하고 준비시키는 중요한 내적 훈련입니다.

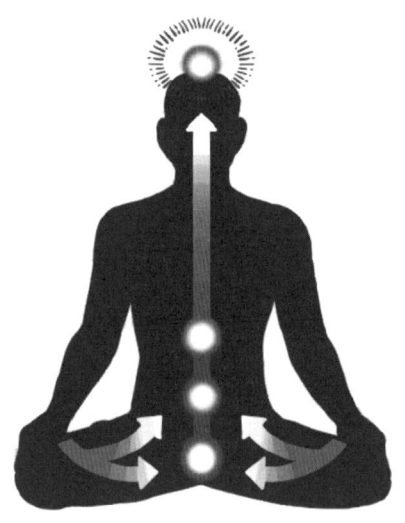

도해 14. 근육 수축에 의한 에너지 상승[87]

(3) 3단계: 생명의 길 깨우기

모든 에너지 잠금을 완전히 풀고, 코로 부드럽고 깊게 숨을 들이마십니다. 이때 목구멍 뒤쪽을 미세하게 조여 '쌰~'하는 소리를 내는, 우

---

87)   도해 14 몸 아래쪽 내재근들을 조이면서 동시에 코로 천천히 꾸준하게 숨을 들이쉬고 정수리에 주의를 집중하면 뇌로 향해 가는 뇌척수액의 움직임이 가속화되며, 척추를 따라 위쪽으로 전류가 흐르기 시작한다.

짜이 호흡[88]'을 사용하면 더욱 효과적입니다. 숨이 생명의 중심 통로를 따라 뿌리 차크라부터 정수리 차크라까지 상승하는 황금빛 빛줄기를 시각화합니다.

　정수리에 도달하면 부드럽게 숨을 멈추고(쿰바카), 의식을 제3의 눈(아즈나 차크라)에 집중하면서 정수리의 확장을 느껴봅니다. 약 10초간 유지한 후, 숨을 천천히 내쉬며 온몸의 긴장을 풀어줍니다. 이 과정을 2회 반복합니다. 두 번째 시도에서는 빨대로 에너지를 빨아올리듯 더 강력한 의도를 담아 실행합니다.

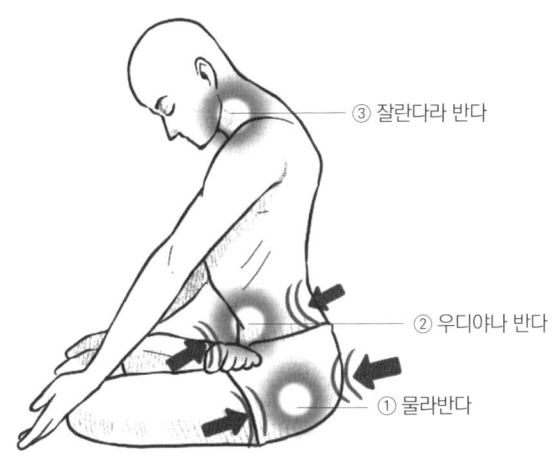

도해 15. 마하 반다의 에너지 통로 제어

---

88)　**우짜이**(Ujjayi) **호흡:** 산스크리트어로 '승리의 호흡'이라는 뜻을 가진다. 목구멍 뒤쪽을 부드럽게 조여 공기가 드나드는 통로를 미세하게 좁혀서 호흡하는 기법으로 유튜브에서 'Ujjayi breathing'으로 검색하여 전문가의 시연 영상을 참고하면 그 특유의 소리와 감각을 익히는 데 큰 도움이 된다.

(4) 4단계: 쿤달리니 상승

이 단계는 앞서 익힌 모든 기법을 하나로 통합하는 가장 강력한 핵심 수련입니다. 여기서는 앞서 익힌 두 잠금에 더해, 에너지의 상승을 조절하는 '목 잠금'(잘란다라 반다)을 추가합니다. 이 세 가지 잠금을 동시에 행하는 것을 '마하 반다(Maha Bandha)[89]'이라 부르며, 매우 강력하므로 절대 무리하지 말고 몸의 반응을 세심하게 살피며 접근해야 합니다.

① '우짜이 호흡'(승리의 호흡)을 통해 숨을 들이마시기 시작하는 동시에, 1단계와 2단계에서 연습한 대로 '뿌리 잠금' → 하복부 수축 → 윗배 수축('복부 잠금')을 순차적이고 부드럽게, 그러나 단호하게 실행합니다. 숨을 들이마시는 과정 전체에 걸쳐 잠금이 완성되도록 합니다.

② 숨이 가득 차고 아래 두 잠금이 완전히 실행되면, 이 잠금을 단단히 유지한 채로, 의식과 생명에너지(프라나)를 척추의 길을 따라 위로 쏘아 올립니다. 에너지가 심장 차크라 → 목 차크라 → 제3의 눈 차크라를 차례로 꿰뚫고 상승하는 것을 명확히 인지합니다.

③ 마침내 에너지가 정수리 차크라에 도달하면, 아래쪽 잠금들을 모

---

89) **마하 반다(Maha Bandha):** 산스크리트어에서 Maha는 '위대한', Bandha는 '잠금'을 뜻한다. 쿤달리니 에너지를 의식적으로 상승시키고 차크라를 자극하여, 심령적 깨어남을 유도하는 것을 주된 목적으로 하며, 고급 요가 수행에서 핵심적인 도구로 여겨진다. 마하 반다는 하타 요가에서 수행하는 세 가지 주요 반다인 물라 반다(회음부 잠금), 우디야나 반다(복부 당김), 잘란다라 반다(턱 잠금)를 동시에 적용하는 통합 수행법이다. 이 반다는 프라나의 분산을 막고, 에너지 흐름을 통제하여 내면의 자각을 강화한다.

두 유지한 채 숨을 멈추고, 부드럽게 턱을 당겨 쇄골 사이의 움푹한 곳에 가볍게 가져다 놓습니다. 이것이 '목 잠금'입니다. 이제 세 개의 잠금이 모두 완성되었습니다. 의식은 정수리에 집중하되, 마치 천 개의 연꽃잎이 활짝 펼쳐지며 우주 의식과 합일되는 이미지를 그리십시오. 이 상태로 10~15초간 머뭅니다.

④ 숨을 내쉴 때는 역순으로, 그리고 아래에서 위가 아닌 위에서 아래로 부드럽게 이완합니다. 먼저 고개를 들어 '목 잠금'을 풀고, 그 다음 윗배 → 아랫배 → '뿌리 잠금' 순서로 잠금을 천천히 풀어주면서, 숨을 길고 평온하게 비워냅니다.

이 전체 과정을 최소 3회 이상 반복합니다. 수련이 끝나면 모든 노력을 내려놓고, 몇 분간 고요히 앉아 몸과 마음에서 일어나는 미묘한 에너지의 파동과 평화를 관조합니다.

제2장

쿤달리니의
생리 에너지 메커니즘

앞서 익힌 호흡 수련이 어떻게 우리 몸과 마음에 실질적인 변화를 일으키는지, 그 이면에 숨겨진 생리-에너지적 메커니즘을 살펴보겠습니다. 조 디스펜자 박사는 이 신비로운 체험을 현대 과학의 언어로 명쾌하게 풀어내며, 이 수련이 정교한 '에너지 공학'과 같다고 설명합니다.

그의 설명을 따라, 의식적인 호흡과 근육 수축이 어떻게 뇌척수액의 흐름을 바꾸고 몸 주위에 강력한 전자기장을 생성하며, 최종적으로 송과선을 활성화시키는지 그 구체적인 원리를 알아보겠습니다.

1. 뇌척수액 상승과 유도장 형성

그는 먼저 수행의 기초 단계, 특히 1단계와 2단계에서 하복부의 근육을 수축하고 푸는 행위가 가지는 물리적인 의미를 설명합니다. 이러한 근육을 수축(날숨)시키고 푸는(들숨) 행위는 척추강 내의 뇌척수액의 움직임을 유도하는 중요한 역할을 한다는 것입니다(도해 16 참조). 조 디스펜자는 하단 세 에너지 센터 부위의 근육들을 조여 수축 상태를 유지할 때 중추신경계 내의 뇌척수액이 도해 16에서처럼 위로 올라가며, 근육을 조일 때마다 그 상승이 촉진된다고 말합니다. 이처럼 호흡 수행법은 뇌척수액의 물리적인 움직임을 활성화하는 것에서 시작됩니다.

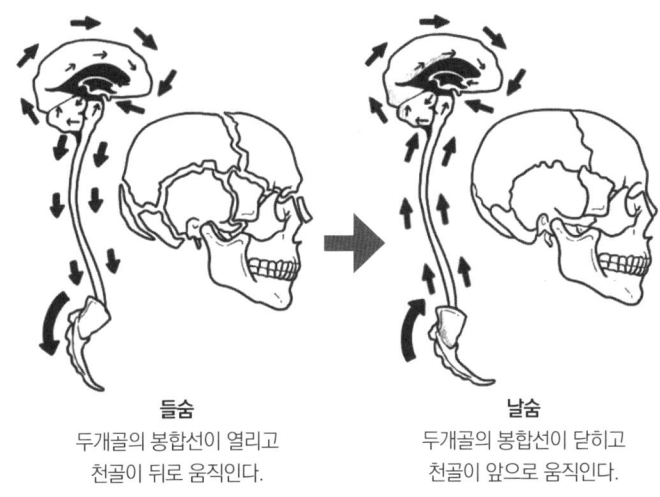

들숨
두개골의 봉합선이 열리고
천골이 뒤로 움직인다.

날숨
두개골의 봉합선이 닫히고
천골이 앞으로 움직인다.

도해 16. 뇌척수액의 움직임

이러한 물리적 기반 위에서, 호흡 수행법의 핵심인 4단계는 의식적인 집중과 호흡을 통해 뇌척수액과 에너지를 더욱 강력하게 뇌까지 끌어올리는 과정입니다. 조 디스펜자는 이 단계의 원리를 구체적으로 설명합니다. 그는 주의를 머리끝 정수리에 두어 에너지가 향할 목표 지점을 설정하고, 코로 천천히 숨을 들이마시면서 아래쪽 근육들을 순서대로 조여 호흡을 따라 에너지를 척추와 뇌를 거쳐 정수리까지 끌어올린 뒤, 정수리에서 근육을 수축한 채 숨을 멈춤으로써 뇌척수액을 뇌까지 올린다고 말합니다. 이는 의식의 방향 설정과 신체적 행위를 결합하여 에너지 상승을 극대화하는 기술입니다.

도해 17. 전하 입자의 가속과 유도장 생성

조 디스펜자는 뇌척수액의 상승이 단순한 액체 이동이 아니라 생리학적, 에너지적 변화를 수반한다고 강조하며 그 이유를 설명합니다. 그는 뇌척수액이 전하를 띤 단백질과 소금이 용해된 상태이며, 이러한 전하를 띤 분자들이 호흡과 근육 수축으로 가속될 때 전자기학적인 유도장(inductance field)이 생성된다고 부연합니다. 전하를 띤 분자들이 더 많이, 더 빠르게 가속될수록 더 크고 강력한 유도장(도해 17 참조)이 만들어진다는 것입니다. 즉, 호흡할 때마다 전하를 띤 입자들을 척추 위쪽으로 보내고, 이 입자들이 속도를 높일 때 유도장이 생성됩니다.

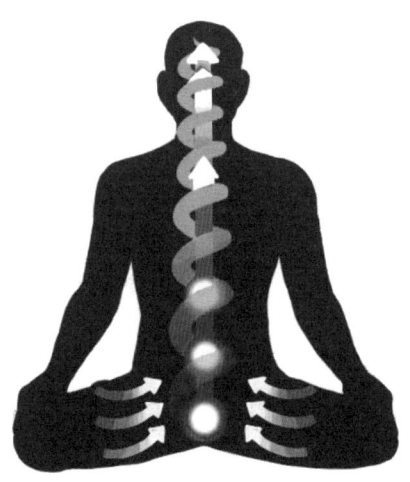

도해 18. 에너지 흐름의 역전과 척추 상승

2. 토러스장 생성과 전자기 확장

이처럼 전하를 띤 뇌척수액 분자들을 척수를 통해 뇌 쪽으로 가속시키는 과정에서 생겨난 유도장은 중요한 결과를 낳습니다. 조 디스펜자는 이 유도장이 뇌에서 몸으로 흐르던 정보의 방향을 바꾸어 도해 18처럼 에너지를 아래쪽 세 에너지 센터에서 척추를 통해 뇌 쪽으로 올린다고 설명합니다. 이로 인해 온몸과 중추신경계에 전류가 흐르게 되고, 마치 자석처럼 몸을 둘러싼 강력한 전자기 에너지장이 생성됩니다. 이 전자기 에너지장은 3차원 형상이며, 움직일 때마다 토러스장

[90]을 형성한다고 그는 말합니다. 이는 호흡 수행법을 통해 인체가 스스로 강력한 전자기장을 발생시키는 상태가 됨을 의미합니다(도해 19 참조).

도해 19. 수행을 통한 에너지장 형성

조 디스펜자는 명상 중 에너지가 척추를 따라 위로 흐를 때, 그 상세한 과정과 생리적 효과를 더욱 구체적으로 묘사합니다. 에너지를 정수리까지 끌어올린 후 숨을 참고 회음부와 복부 근육을 계속 조이는 것은 척수와 척추 속 압력을 높이는 핵심 기술입니다. 그는 척수강 내

---

90) **토러스장(Torus field):** 토러스장은 중심에서 나와 외부를 순환한 뒤 다시 중심으로 돌아오는 도넛형 (원환체)의 에너지 장 구조를 말한다. 자연계와 인간의 에너지 시스템, 심지어 은하계의 자기장에서도 나타나는 보편적인 형태로, 에너지의 연속적 흐름과 자기유지성을 상징한다. 조 디스펜자는 이 토러스장을 통해 인간의 몸이 자기장을 발산하고 다시 수용하는 에너지의 안테나처럼 작용하며, 이것이 신성과의 연결 채널이 된다고 설명한다.

압력이 조직이 닫혀 있을 때 올라가며, 이 호흡 기술을 따를 경우 아주 명확하게 그 모든 압력, 에너지, 뇌척수액을 척수 끝까지 올려서 뇌 속으로 들여보내게 된다고 설명합니다. 이는 의도적인 압력 생성을 통해 뇌척수액과 에너지를 뇌의 핵심 영역으로 밀어 넣는 기술적 원리를 보여 줍니다.

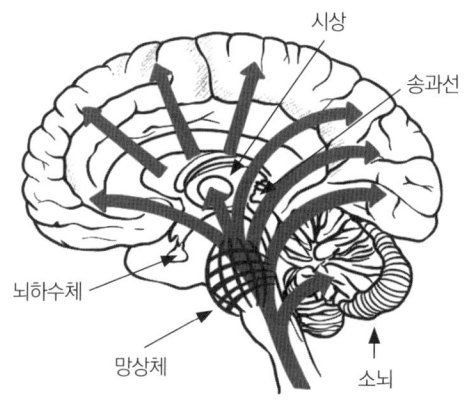

도해 20. 송과선과 신피질로 유입되는 에너지 흐름[91]

이렇게 압력과 함께 상승한 뇌척수액과 에너지는 뇌의 여러 부위에 영향을 미칩니다. 조 디스펜스는 척수액이 뇌간을 비롯한 소뇌, 변연계 같은 아래쪽 뇌 센터들을 열면서 망상체를 통해 에너지를 받게 되고, 이 에너지가 감각 신호를 전달하는 뇌의 부분인 시상으로 들어가 접속 상자 역할을 한다고 설명합니다. 에너지가 시상에 도달하면 간

---

91) 시상 문이 열리면 몸에 저장되어 있던 칭조적 에너지가 대거 망상활성계를 지나 시상과 송과선으로 들어간다. 이때 이 에너지가 신피질로 전달되면서 감마파를 만들어 낸다.

혀 있던 모든 에너지가 더 위쪽에 위치한 뇌 센터, 즉 신피질로 곧장 들어가게 된다는 것입니다. 이 과정은 수행 중 발생하는 에너지 상승이 뇌의 생명 유지, 감정, 인지 기능을 담당하는 중추들을 순차적으로 활성화함을 보여 줍니다.

3. 감마파와 의식 확장

에너지가 시상에 도달하여 신피질로 향하는 순간, 뇌는 고도의 통합적 생각, 직관, 몰입과 관련된 감마파[92]를 발생시키기 시작합니다. 조 디스펜자는 에너지가 시상에 도달할 때 동시에 송과선에도 전해지며 이때 놀라운 일이 벌어진다고 강조합니다. 그는 송과선이 마치 뇌에서 느끼는 오르가슴과 같은 강력한 묘약(elixir)들을 분비하며, 이때 느끼는 강렬한 에너지가 바로 쿤달리니 움직임으로 설명되기도 한다고 말합니다. 이 호흡법으로 깨우는 에너지가 쿤달리니 에너지라는 사실을 인지하는 것이 중요하다고 그는 덧붙입니다. 이는 뇌의 깊은 생리적 변화, 특히 송과선 활성화가 전통적으로 말하는 쿤달리니 각성 경험의 핵심임을 시사합니다.

조 디스펜자는 이러한 원리들이 결합될 때 나타나는 호흡 수행의 효과에 대해 강력하게 이야기합니다. 그는 이 호흡법이 모든 잠자고 있는 에너지를 깨워 줄 참으로 대단한 방식이며, 정확하고 충분한 시간

---

92) **감마파**(Gamma Waves): 감마파는 뇌파 중에서 가장 높은 진동수(30~100Hz 이상)를 지닌 주파수 대역으로, 초월적 인식·고도의 통합 사고·심령적 각성과 밀접하게 연관된 에너지 파장이다.

을 들여 실행한다면 잠들어 있던 '용'을 깨우게 될 것이라고 강조합니다. 그는 이 강력한 호흡 기술을 통해 에너지를 상승시키는 경험을 마치 "빨대로 액체를 빨아올리듯" 아래의 세 에너지 센터에 저장된 에너지들을 끌어올려 뇌 속에 풀어 줄 수 있다고 비유합니다. 이는 단순한 상징이 아닌 실제 수행자가 체감할 수 있는 생리적 경험, 즉 뇌척수액과 에너지가 척수를 따라 위로 빨려 올라가는 듯한 감각을 나타냅니다.

도해 21. 역방향 토러스를 통한 고차원 정보 수신[93]

---

93) 도해 21 호흡으로 우리 몸의 아래쪽 세 에너지 센터로부터 에너지가 깨어나 척추를 타고 뇌로 올라갈 때, 몸 주변으로 전자기 에너지의 토러스장이 생성된다. 이때 송과선이 활성화되면 역방향으로 움직이는 전자기 에너지의 역방향 토러스장이 통합장에서 오는 에너지를 정수리를 통해 우리 몸으로 끌어온다. 에너지는 주파수이고 주파수는 정보를 담고 있으므로, 송과선은 그 통합장에서 오는 정보를 생생한 이미지로 변환한다.

그는 더 나아가, 이 호흡을 통해 몸 안에서 발생하는 전자기적 변화가 인식의 확장으로 이어진다고 설명합니다. 앞서 설명했듯, 수행을 통해 형성된 토러스(원환체) 형태의 전자기 에너지가 몸을 둘러싸고 역동적으로 움직입니다. 뇌척수액의 가속으로 인해 척수 위쪽으로 전류가 흐르면서 몸은 자석처럼 작동하고 주변에 강력한 전자기장을 형성합니다(도해 19 참조). 조 디스펜자는 이 에너지의 흐름을 보여 주는 토러스장이 몸의 위쪽, 외부로 확장될 때 송과선이 활성화되며, 이때 전자기 에너지의 역방향 토러스가 형성되어 정수리를 통해 외부의 에너지나 정보를 안쪽으로 끌어들이게 된다고 설명합니다.

4. 송과선 활성화와 제3의 눈

이 현상은 단순한 에너지 순환을 넘어섭니다. 모든 주파수는 정보를 포함하고 있기에, 이러한 방식으로 활성화된 송과선은 가시광선이나 물리적 감각 너머의 세계로부터 정보를 수신할 수 있는 상태가 됩니다(도해 21 참조). 조 디스펜자는 이러한 생리적, 에너지적 변화, 그리고 정보 수용성 증가가 동시에 일어날 때 우리가 '뇌의 오르가슴'을 경험하게 된다고 설명합니다. 이는 단순한 감각적 쾌락이 아니라, 뇌에 '안테나'가 생겨나듯, 물질세계를 초월한 시공간 너머의 정보를 수신할 수 있는 상태로 진입하는 것을 의미합니다. 이제 정보는 더 이상 물리적 감각을 통해 들어오는 것이 아니라, 뇌의 뒤편에 위치한 송과선, 즉 제3의 눈을 통해 양자장으로부터 직접 수신됩니다.

이처럼 조 디스펜자의 쿤달리니 호흡 수행법은 물리적인 신체 활동, 의식적인 집중, 그리고 그로 인해 발생하는 생리적, 에너지적 작용을 하나의 통합된 시스템으로 이해하고 접근하게 합니다. 그의 쿤달리니 각성법은 추상적인 개념이 아니라, 호흡, 신체 수축, 의식 집중, 뇌척수액 및 전자기장 변화, 뇌 생리 작용 변화가 긴밀하게 연결된 생리-의식적 작동 메커니즘으로 구성되어 있습니다. 이는 전통 수행의 지혜를 현대 과학의 언어로 해명하고 실증하려는 그의 시도이며, 이를 통해 깊은 내면 변화와 고차원적 경험의 가능성을 제시합니다.

편집 후기

    C.W. 리드비터 선생님의 저서는 한 세기 전의 것이라고는 믿기 어려울 만큼, 시대를 초월하는 깊은 통찰을 담고 있습니다. 투시력자이자 신지학자로서 그는 자신의 체험과 관찰을 바탕으로, 인간 내면에 존재하는 차크라의 실재성과 구조, 그리고 그것이 의식의 진화와 어떻게 연결되는지를 명확하고도 깊이 있게 설명해 냈습니다. 특히, 눈에 보이지 않는 세계를 해부도처럼 정밀하게 묘사함으로써, 추상적 개념에 머물던 '차크라'를 구체적이고 실천적인 탐구 대상으로 제시한 점은 이 책을 같은 주제를 다룬 어떤 저작보다도 돋보이게 만듭니다.

    이 책을 현대 한국어로 번역하고 정리하면서, 단순한 정보 전달을 넘어 독자 각자가 자신 안의 에너지 체계를 인식하고 활용할 수 있는 내면의 탐구로 이어지기를 바랐습니다. 특히 차크라 체계가 단지 상징적 요소나 신비주의적 이미지로 소비되는 것을 경계하며, 그것이 인류의 진화와 내적 해방을 위한 실천적 도구임을 분명히 하고자 했습니다. 이러한 이유로 2부에서는 리드비터의 가르침과 요가 전통을 바탕으로, 영적 스승 다스칼로스의 신비적 통찰과 현대 신경과학자 조 디스펜자의 연구를 통합하여 쿤달리니 에너지를 안전하고 효과적으로 각성하는 구체적인 방법론을 제시했습니다.

2부에 담긴 '쿤달리니 각성법'은 그 위험성과 깊이를 분명히 인식한 상태에서, 진지한 탐구자에게 올바른 방향과 실마리를 제공하기 위함입니다. 리드비터와 아룬데일, 다스칼로스 모두가 한목소리로 경고하듯, 이 강력한 에너지는 누구에게나 존재하지만 그것을 안전하고 균형 있게 각성하기 위해서는 신체적 건강과 함께 정서적, 도덕적 준비가 절대적으로 필수적입니다. 이 길은 무지에서 비롯된 무모한 실험이 아니라, 다스칼로스가 강조한 정직한 자기 관찰과 잠재의식 정화를 통해 우주적 일체성에 대한 깊은 이해 위에서 이루어져야 할 거룩한 내면의 여정입니다.

차크라는 우리 안에 숨겨진 우주의 지도이며, 쿤달리니는 그 지도를 따라 흐르는 생명의 불꽃입니다. 이 책이 고대의 지혜와 현대 과학의 빛을 통해 그 불꽃을 안전하게 바라보는 첫걸음이 되기를, 그리고 독자 여러분의 삶 속에서 진정한 깨어남과 조화의 길로 이어지기를 간절히 바랍니다.

편집 번역자 **남우현**

부록

컬러 도판 모음

그림 1. 뿌리 차크라

그림 2. 비장 차크라

그림 3. 태양신경총 차크라

그림 4. 심장 차크라

그림 5. 목 차크라

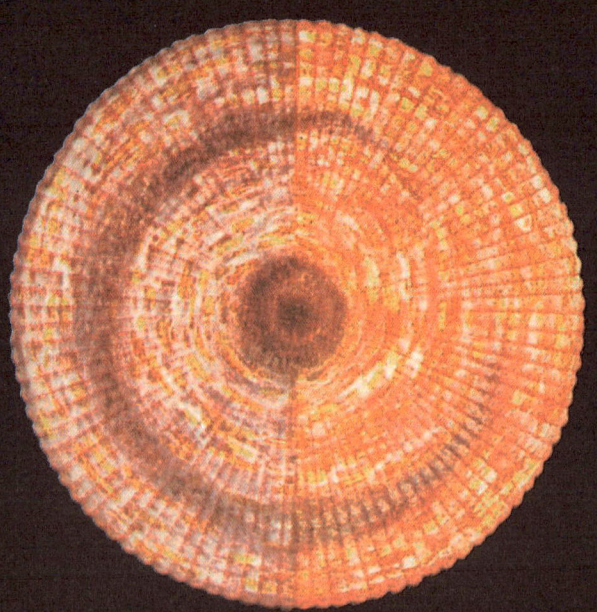

그림 6. 제3의 눈 차크라

그림 7. 크라운 차크라

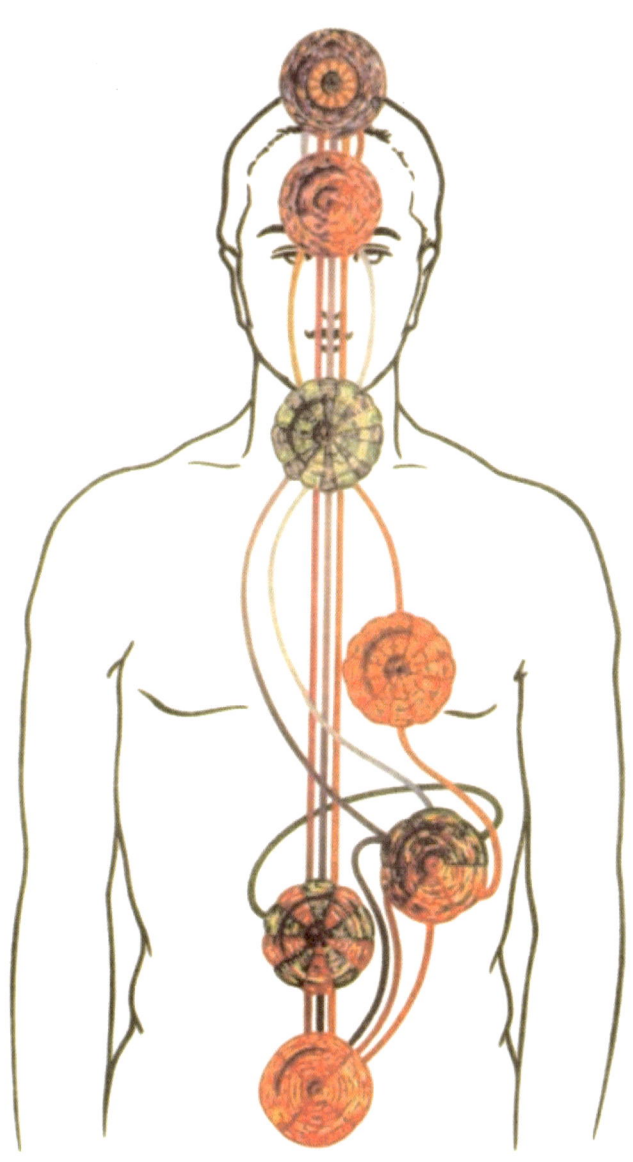

그림 8. 에테르 생명력의 흐름과 차크라

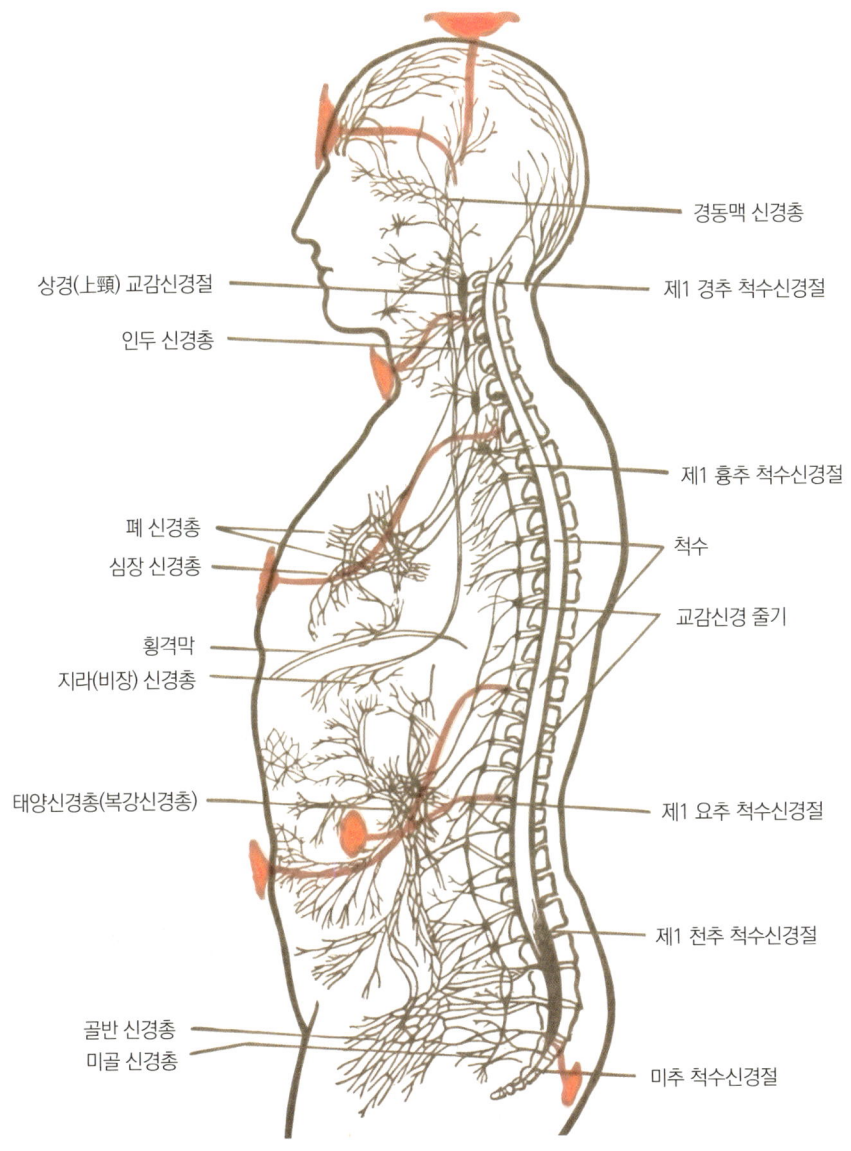

경동맥 신경총

제1 경추 척수신경절

상경(上頸) 교감신경절

인두 신경총

제1 흉추 척수신경절

폐 신경총

심장 신경총

척수

교감신경 줄기

횡격막

지라(비장) 신경총

태양신경총(복강신경총)

제1 요추 척수신경절

제1 천추 척수신경절

골반 신경총
미골 신경총

미추 척수신경절

그림 9. 차크라와 신경계

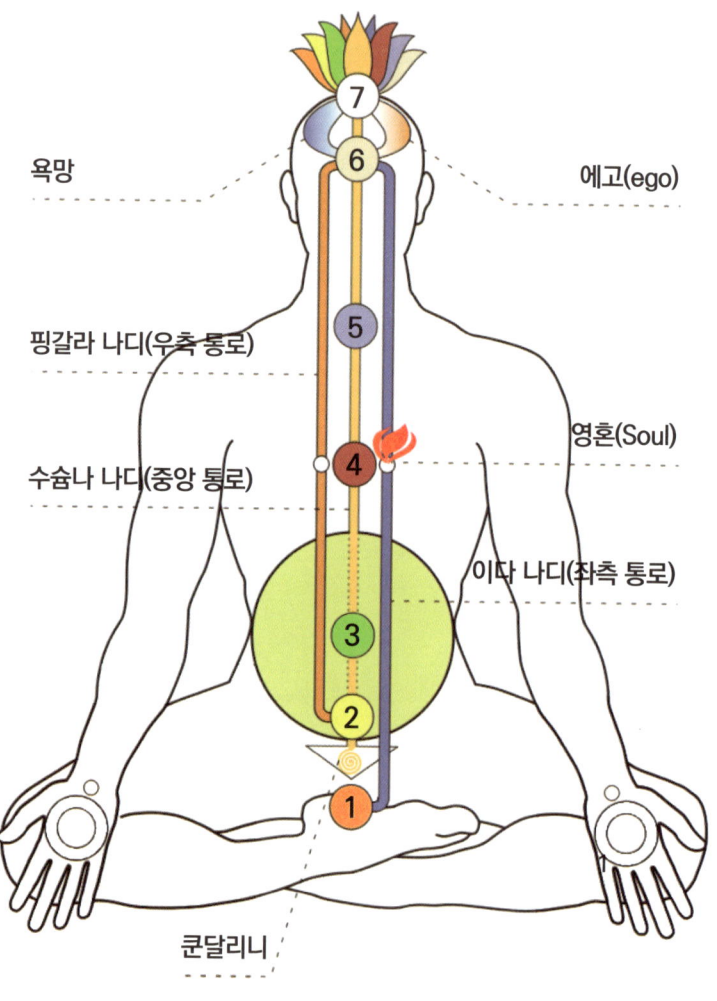

욕망

에고(ego)

핑갈라 나디(우측 통로)

영혼(Soul)

수슘나 나디(중앙 통로)

이다 나디(좌측 통로)

쿤달리니

① 뿌리 차크라, ② 천골 차크라, ③ 태양신경총 차크라, ④ 가슴 차크라,
⑤ 목 차크라, ⑥ 제3의 눈 차크라, ⑦ 크라운 차크라

그림 10. 차크라와 에너지 통로(나디)